美的収納プランナー

草間雅子の

美しい身じまい

もくじ

はじめに

皆さまにとって、毎日の暮らしで使っている「モノ」とは、どのような存在でしょうか。キッチン用品、洋服、文具に至るまで、私にとっては、「生活に必要」「生活に潤いを与えてくれるモノ」という以上に愛おしく、自分の分身に近い存在に感じられます。一方、日々の片付けに悩んでいる方には、「どうしてこんなに増えるのかしら」と気が重い存在になっているかもしれません。

実は、モノには選び方一つで人生が変わってしまうほどのパワーが備わっています。自分の心が求め、最後まで使い切れるモノを身の回りに置く、そんな暮らしは心地よい生き方につながっていると感じます。こうした考えは、私が30代から取り組み始めた「美的収納」が出発点でした。

そして50代を迎えた今、若いうちに「美的収納」に取り組んでおいて、つくづく良かったと思うようになりました。家の中がきれいになるだけでなく、気づいたら、いわゆる「終活」と呼ばれるものが終わっていたからです。「終活」と聞くと、人生の終わり、生前整理などを連想される方もいらっしゃるでしょう。しかし、「美的収納」の視点から伝えたい終活とは、決してマイナスイメージのものではなく、これからの人生をより快適に自分らしく充実したものにするための準備、段取りのことです。その意味で、少しでも早く住まいの見直しを始めれば、人生が何倍も得をすること間違いありません。また歳を重ねるほどに、この価値をさらに実感できるでしょう。本にまとめようと思ったのは、皆さまとこのことを共有したかったからです。

もしこの本を読まれて今すぐ行動できなくても、「片付けることで残りの人生がより有意義になる」と、心に留めていただくことがあればうれしく思います。モノの選び方や手放し方、配置の仕方、モノとの付き合い方など、美的収納の考え方を一つでも知っていただくことで、何か変化が起きてくるはずです。受容は変容。知ること、前向きに受け入れることが新たな変化につながっていくでしょう。「たかがモノ、されどモノ」とよく言われますが、自分にとって心地よいモノに気づくだけで、やりたいことまで明確になっていきます。そうした劇的な変化を楽しんでいらっしゃる方を、私は何人も目にしてきました。美的収納は、これまでの人生の棚卸しであり、同時にこれから年齢を重ねていくための準備でもあります。皆さまの思いや夢の実現に向けて、本書が、モノとの関係を具体的に考えるきっかけとなりましたら幸いです。

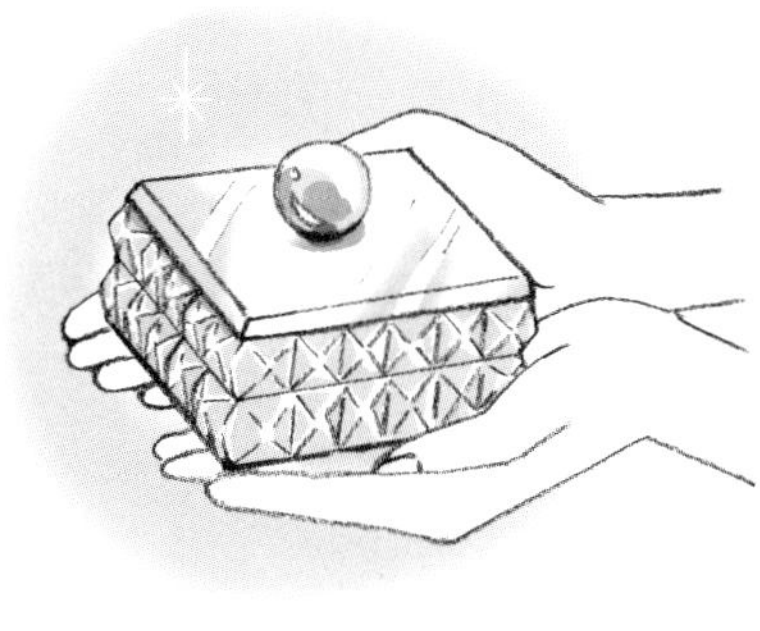

第1章

自分の暮らしと向き合う

第2、第3の人生を美しく暮らすために

皆さまがこれまでの人生で「片付けをしよう！」と一大決心をしたのは、どのような時だったでしょうか。親元から独立した時、結婚して新居を構えた時、子ども部屋が必要になった時、転勤などで引っ越しをした時、子どもが成長して夫婦だけの生活になった時など、人生の節目に当たっていたことが多いのではないでしょうか。ライフスタイルや年齢によって暮らし方は変わっていくものですから、それに応じて生活空間の見直し、片付けに取り組むことが必要になってきます。

人生を3つのステージに分けるとすれば、生まれてから親元を離れる頃までが「第1ステージ」、独立して生計を立てたり、家庭を持ったり、育児をしたり、バリバリと仕事をしているような期間は「第2ステージ」、子どもたちが成人して夫婦2人の生活になり、仕事もリタイアした後の人生は「第3ステージ」といえます。第1ステージは、主に父母が家のあれこれを決める時期ですから、ここでは割愛します。本書で取り上げるのは、第2、第3ステージの暮らし方です。

第2ステージは、40代を中心に、働き盛りの世代に当たります。まだ若さも体力もあり、仕事

や育児が忙しいながらも、充実した毎日を送っていることでしょう。収入もあり、好奇心もあり、人とのお付き合いも多い年代です。そのため、買い物をしたり、贈り物をいただいたり、何かとモノが増えてしまいがちです。お子さまのいる家庭であれば、おもちゃや学用品、絵画や工作などのかわいい作品類もたまっていくので、その収納に悩むことも多いのではないでしょうか。この世代は最も家族が多いため、モノもたくさん必要となり、忙しい時期です。モノの在りかを皆が分かるように、そしてそれぞれ自分のことを自分でできるようにしておくことがポイントになります。

第3ステージは〝第2ステージの娘に対してその親世代〟といったイメージです。子どもたちが独立し、ご主人が定年退職して家にいるようになるなど、これまでとは大きく生活環境が変わります。同時に、老いによる体の衰えも感じられるようになる頃です。モノが床にあふれているような環境では、転倒やけがの危険もあるでしょ

う。日々の暮らし方も老いへの備えが必要になってきます。しかし、悲観することはありません。生活を整えることで、どのようにすれば残りの人生がより充実するかを考える良い機会となります。そして、この時期はいかに身の回りのものをコンパクトにまとめて安全に暮らすか、という視点が大切となってきます。

〈第2ステージ〉
働き盛りの世代

自分のことは
自分でできるように

〈第3ステージ〉
その親世代

身の回りのモノを
コンパクトに
安全に

終活っていつから始めるもの?

そもそも、皆さまは「終活」っていつから始めるものだと思われますか。私は20代の頃から、なんとなく意識していた記憶があります。ある日突然この世を去ったとしても、「会社の人が困らないように資料を整理しておかないと!」「手紙や写真、走り書きのメモでも、人に見られるなんて恥ずかしい!」などと思っていました。見栄っ張りな性格でしたので、ロッカーや机の中は特にきれいにしていました。同時に、きっかけは覚えていませんが、この頃から「人はいつどうなるか分からないから」と「人生の残り時間」を意識し始めました。今思えば、これが私の終活の始まりです。

今まで、皆さまは人生の残り時間を意識することなどなかったかもしれません。しかし、人生の中で自由に使える時間は限りがあり、実は想像以上に少ないのです。そして、その貴重な時間を片付けやモノを探す時間に割かれてしまうのは、とてももったいないことで

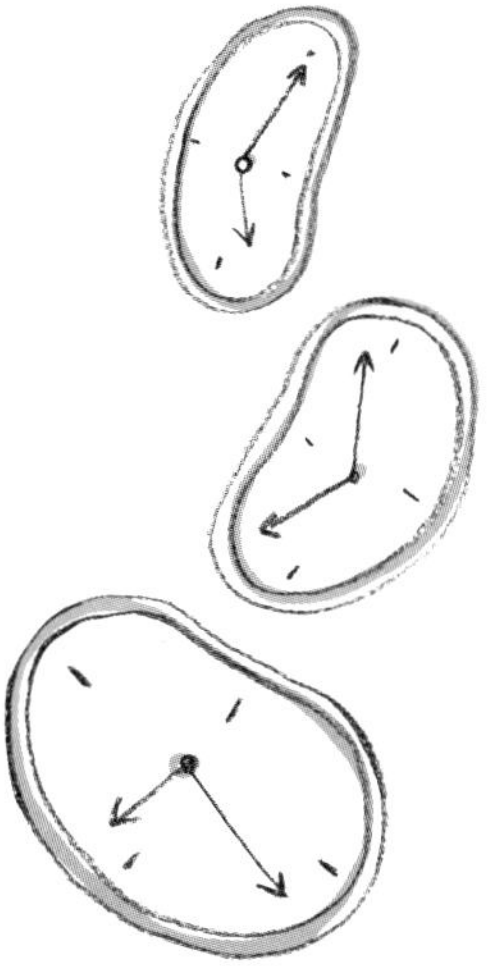

す。ぜひ、これまでやりたくてもできなかったこと、できていないこと、既に楽しんできたことに、大切な時間を使っていただきたく思います。そんな思いで美的収納を考案しました。ネット上でも残りの自由時間を知る計算式が紹介されていますので、実際に目に見える形で知っておくこともよいかもしれません。お試しください。

また、これからやりたいことを書き出してみましょう。家族や友人と食卓を囲み、話を丁寧に聞いて差し上げたり、1日中のんびりと本を読んだり、かつて親しんだ油絵や楽器などの趣味を再び楽しんだり、新たに始めたり、いつもより長く旅行をしたり。自分の環境を時間という視点で見つめることで、「確かに1日ってあっという間に終わってしまう。何か自分も動いてみようかな」と思っていただくきっかけになればうれしいです。

片付け好き＝掃除好き？

もう少し時間について考えてみましょう。私の20～30代を振り返ると、仕事と家庭の両立で自分の時間がとても少なかったと思います。仕事は大好きだったけれど、仕事と睡眠だけで1日が終わってしまうことに焦りを感じていました。さらに美容も気になり始め、仕事で疲れてメイクを落とさずソファーで朝を迎えてしまう日も。このままではまずい！と反省し、まず時間の使い方を見直そうと思いたちました。まずは、1日の最後に映画をゆっくり見ながら、肌のお手入れをすることを目標にしました。これが美的収納のシステムを考えるきっかけにつながりました。

ところで皆さまは、片付け好き＝掃除好き、きれい好きだと思っていませんか。私にとって片付けはパズルみたいなもの。自分の時間を増やすためにモノの配置を工夫してきました。掃除はそれほど好きではないため、簡単に済ませる方法を考えてきた、というのが本当のところです。

仕事と家事を最短で終わらせる仕組みをつくる！

やがて、40代を迎えると、身体のあちこちが想像以上に変化してきました。その変化を最も実感したのは視力。私もご多分にもれず老眼になりました。見えにくさによって、すべてのことに

ひと手間増えて時間もかかり、少し億劫になってきました。次に、記憶力。覚えることがこれほど大変になるとは思ってもみなかったのです。そして回復力。疲れの回復速度が40代後半から遅くなっています。これらは、歳を重ねるほどに、不便に感じることが増えていくでしょう。しかし、すでに美的収納の仕組みを自宅に備えていると、その体の変化に合わせて、一部の収納場所を変える、購入するモノや数を見直す程度の小さな修正だけで、不便に感じることが減ってくるとも分かってきました。

散らかったまま歳を重ねると・・・

そもそも家の中が散らかっていると、「不便」「不明」「不快」のストレスを感じませんか。

「不便」…使うモノを取りに行くこと、戻しに行くことが億劫。また、出し入れがしにくい、高いところにあって取りにくいなど。

「不明」…モノがどこにあるのか分からない。新しいモノをどこにしまえばよいか分からない。

「不快」…モノが散らかっていて美しいと思えない。インテリアに統一感がなく落ち着かない。

年齢を重ねると、これに「不安」というストレスが加わってきます。例えば、自分一人では荷物を降ろせない、手が届かない、持ち上げられないのでは、という不安。またモノの所在や在庫を忘れて、何度も無駄に買ってしまう。でも収入やお金のことが不安だから、処分できないという悪循環にも。また、大量の荷物、残された子どもたちに迷惑をかけてしまわないかどうか。地震や災害が起きた時、家の中でけがをしないか、倒れた家具などの下敷きになって逃げ遅れてしまわないかなど。そもそも将来に漠然とした不安を持つ方もいらっしゃるかもしれません。

ここまで読んでくると、気が滅入りそうと思われてしまうかもしれませんが、美的収納の仕組みを取り入れると、4つの「不」が劇的に変わります。美的収納は収納にまつわる問題を解決し、ストレスを解消します。

不便　⇩　動きが楽になる。やりたいことができる。
不明　⇩　モノの置き場所が明確になる。数も把握できる。
不快　⇩　快適になる。満ち足りた気持ちで暮らせる。
不安　⇩　安心できる。危険も回避できる。

4つの「不」を解消すると、単に部屋が片付くだけでなく、床に置きっ放しのモノにつまずいて転倒するといったリスクを減らすこともできます。安全性だけでなく、掃除、片付けの手間が減ることで時間にゆとりが生まれ、やりたかったことや家族のために使える時間も増えることでしょう。さらに在庫管理が格段に楽になり、無駄な買いモノが激減、好きなモノに囲まれ、快適で満ち足りた気持ちで暮らすことができるのです。

取り掛かるのが早ければ、早いほど、人生何倍も得をする！

不便
不明
不快
不安
イタタ
ここかな？
美的収納
楽
明
快
安

始めるなら今！

普段は暮らしであまり意識されないかもしれませんが、住まいを整えるには、体力、気力、判断力、記憶力、視力の5つの力が必要となります。この5つは年齢を重ねるにつれて衰えることは、若い方でも容易に想像がつくでしょう。遅かれ早かれ、誰もが心身に何らかの変化を感じ、少しずつ体力・気力に見合った生活空間に変えていかなくてはなりません。若い方でも暮らしが格段に楽になるなど、他にも良いことがたくさんあります。1日でも早く始めて、済ませてしまいましょう！

私がこれまで40代までにやっておいて、そして習慣になったことがいくつかあります。ご参考までに紹介しましょう。後の章で触れている項目もあります。

ネットスーパー習慣	日用品のみ購入。水や米などの重たい物は運ばずに済みます。生鮮品は状態を確認したいので買いません。
ゴミ袋、レジ袋をたたむこと	たたむ方が、使う時に取り出しやすいです。ドラマを見ながらで50枚たたんで10分弱で済みます。第4章・75ページ
喪服セット	第4章・82ページ
入院セット	第4章・109ページ
寄付箱	不要となったモノを寄付したり、売ったりするためのスペース（箱）を用意しています。
宅配便伝票の印刷	送り先を事前に印刷しておくと、発送時が楽です。
名刺アプリ	名刺はデータ保存がとても便利。検索できる他、直接電話したりメールを送信したりできます。
蔵書電子化サービス	読みたい本をデータ化してくれます。場所を取らず、旅先でも読めます。第4章・92ページ
玄関扉にフック	鍵の指定席を作っておきます。鍵がない！と慌てることがなくなりました。
明日の準備	帰宅後すぐ、翌日の持ち物や服をセット、支払い先や食事プランなども考えておきます。迷いが少なくなります。

30代、40代の方へ今すぐに美的収納を始めてみて！

体力、記憶力、疲れに対する回復力があるうちに。人生の後半が激変します。人生の遠回りを避けられ、こうありたい自分、こうしたいという思いがとても実現しやすくなります。

50代、60代の方へまだまだ間に合います！

これからますます必要となる時間とお金の無駄遣いをストップできます。生きがいも見つかり、第二の人生も開けます。ぜひこれまでの人生の棚卸しを！

また親世代の住居づくりを手伝い始めるのもこの世代でしょう。まず美的収納で自分の家を整える経験をしておかれると、ご両親の気持ちがくみ取れ、もめにくくスムーズに運べるようになります。

次の章では親の住まいを片付ける際のアドバイスや注意点について、触れてみたいと思います。

第2章

親の住まいに寄り添う

心構えとして

ご両親だけで住まいの片付けを行うには危険が伴いますし、環境の大きな変化は不安を誘発する場合があるので、ご本人が望む所、気になる所、危険な所だけでも、ぜひご家族や信頼できる方が手伝って差し上げてください。安心と安全な暮らしにつながります。

ただ、親の住まいの片付けはとても難しいのが実情です。実際にお客さまから、「母が片付けをするのを嫌がる」「もったいないと捨てたがらない」「生活や環境の変化を嫌う」といったご相談をよく受けるのですが、**親世代の方々は、自分の家に他人が入ることに抵抗があり、生活の変化も苦手な方が多いです。**親世代のこのような気持ちも理解できる一方で、娘世代の方々の「親の住まいを快適にしてあげたい」という気持ちも分かります。

では、どうしたらよいかというと、やはり無理に行うのではなく、ご両親の気持ちに理解を示しながらも、加齢による心身の変化や安全性について丁寧にお話をしたうえで、少しずつ行っていくのがベストだと思います。実際に部屋が片付いて使い勝手がよくなったり、床がすっきりして転倒する危険が減ったりすれば、親御さんも納得していただけるのではないでしょうか。くれぐれも一気に終わらせようとするなどの荒療治はしないようにしましょう。

これまで、さまざまなお宅で収納作業に入りましたが、若い人と年齢を重ねた人では、生活に必要なモノの種類や量が異なるように感じています。こうした年齢別の傾向に加えて、人々が育ってきた時代背景の影響もあります。例えば、終戦前後に生まれた世代と、バブル時代を謳歌した世代とでは、モノに対する価値観が異なっていて当然です。戦後、モノが少ない時代に生まれ育ってきた世代は、捨てることに罪悪感と不安感が強く、手放すことが苦手な方が多いです。世代の違いを知っておくことは、二世帯で暮らす場合や、娘が実家の片付けをする時など、参考になるでしょう。

娘世代の皆さまへ

若い人が片付けをしたいと思う時は、「モノを減らしてすっきり片付けた部屋で心機一転したい」といった願望を持っていることも少なくありません。けれども、高齢の方は「他人に部屋に入られる、モノを片付けてもらうことに抵抗がある」などと不安を感じたり、遠慮されたりする方が多いので、一度に環境を大きく変えすぎないように。これまでの生活をベースにしながら収納を分かりやすくしてあげる、といったスタンスがよいでしょう。無理なく進めて、ご両親に快適で安全性が高まったことを実感してもらいましょう。親の住まいの片付けは、お互い甘えが出るものです。たとえ親であっても別の人生があり、他人以上に尊重していただきたいと思います。トラブルを避けるためにも、くれぐれもご注意ください。

親世代の皆さまへ

年齢を重ねることで、誰もが多少なりとも、体力や気力が低下しているので、モノが多かったり、不便な場所に置いてあったりすると、使いにくいというだけでなく、危険なこともあります。現在の年齢や体力、行動範囲に合った生活環境を整えることが、心身ともに楽で快適な暮らしにつながります。そして、身の回りのモノを処分するのか保存するのか、といったことを早めに決めておくことは、娘さんなど、残される人々に対する思いやりにつながります。

それでも片付けてもらうことにためらいがあるなら、せめて危険な所をチェックしてもらい、危ない場所を確認していきましょう。年齢に関係なく、暮らしていると当たり前の風景になり、とても危険な状態になっていても気づかないものです。一度他の方の視点から家の中をチェックしてもらうことで、危険を回避できることは多いです。子どもは、両親には安全な住まいで元気に健康に暮らしていてほしいもの。その気持ちをもう一度考えてみてください。子どもが親の住まいを片付けようとするのは、ご両親を愛する気持ちから発しているということをお忘れなく。

ヒアリングをしましょう

作業に取りかかる前にぜひやっていただきたいことがヒアリングです。これまでの「美的収納」のやり方と違って、高齢の方の安全と安心を優先した新しいアプローチをご紹介します。

ステップその1

ご両親に片付けに対する考えや普段ストレスに感じていること、日頃の生活の様子を聞いてみましょう。

ステップその2

ご両親の楽しみや夢を引き出すお手伝いをしましょう。

ステップその3

普段危なそう、大変そうに感じていることを伝えて、改善策や具体的にどこをどのように変えていくのかを親子で話し合いましょう。目的のモノがすぐに見つかる収納例、健康状態に合わせて、今すぐにできることから始めてみましょう。

ステップその1　ストレスに感じていることは何?

ご両親の片付けに対する考えや、普段ストレスに感じていることなどを聞いてみましょう。普段気になることを思い出せない時は、次の質問やストレスの例を参考にしてください。それがヒントとなり、希望やストレスが思い浮かぶ場合があります。

◆具体的な聞き方

・危ないと思う所はありませんか。
・探しているのに見つからないモノ、掃除が気になる所はありませんか。
・興味があるのは、きれいにすることですか。
　それとも、便利さや安全が優先ですか。
　どちらの方がモチベーションが上がりそうでしょうか。

◆高齢者が感じやすいストレス例

〈リビング〉
・テレビやエアコンのリモコンがすぐなくなる
・眼鏡がすぐになくなる
〈ダイニング〉
・孫が来ても、食卓が狭くてゆっくり食事できない
〈キッチン〉
・調理器具が重くて使いにくい
・便利な調理家電を買いたいけれど、置けるスペースがない
・食品のストックの賞味期限が見にくい
〈洗面所〉
・歯磨き粉のストック状態を忘れ、買いすぎてしまう
・小さな汚れや髪の毛が見えにくく汚れたままで恥ずかしい

ヒアリングはあくまでも、親側の視点で、気持ちに寄り添って！

また、人はたいてい、朝の身支度や食事（買物→調理→食事の上げ下げ→後片付け）、洗濯（洗濯→干す→たたむ→収める）など、毎日同じ動きをしているものです。ストレスの改善には、日常的な動きの様子、特徴、くせを知ることが必要です。しかし、習慣化された動きは無意識に行われるため、ご自身の特徴に気づくのは困難といえるでしょう。また、家族もその特徴をつかみにくいものなので、家の間取り図を簡単に用意して、どのように動いているのかを聞きながら、間取り図に線を引いてみましょう。

日頃転倒してしまう恐れがある方は、モノを使う場所の近くに収め直す。夜中にトイレに行かれる方は、廊下などに危険なモノを置かないようにする。掃除機などの重いモノを使う場所の近くに収め直す。普段家の中のどこで過ごすことが多いかを考えて、毎日使うモノ（例えば、薬や体温計、血圧計など）をそこへ集めてみる。そして、必要のないモノは取り除いていく。

などと片付ける前に、一緒にその図面を見ながら日頃の動きが楽になるアイデアを練りましょう。その動線を具体的に描くことで、「まずはそれだけでもやってみようかな」と、片付けに前向きになる方もいらっしゃいます。

日頃の動きを見える形で確認する

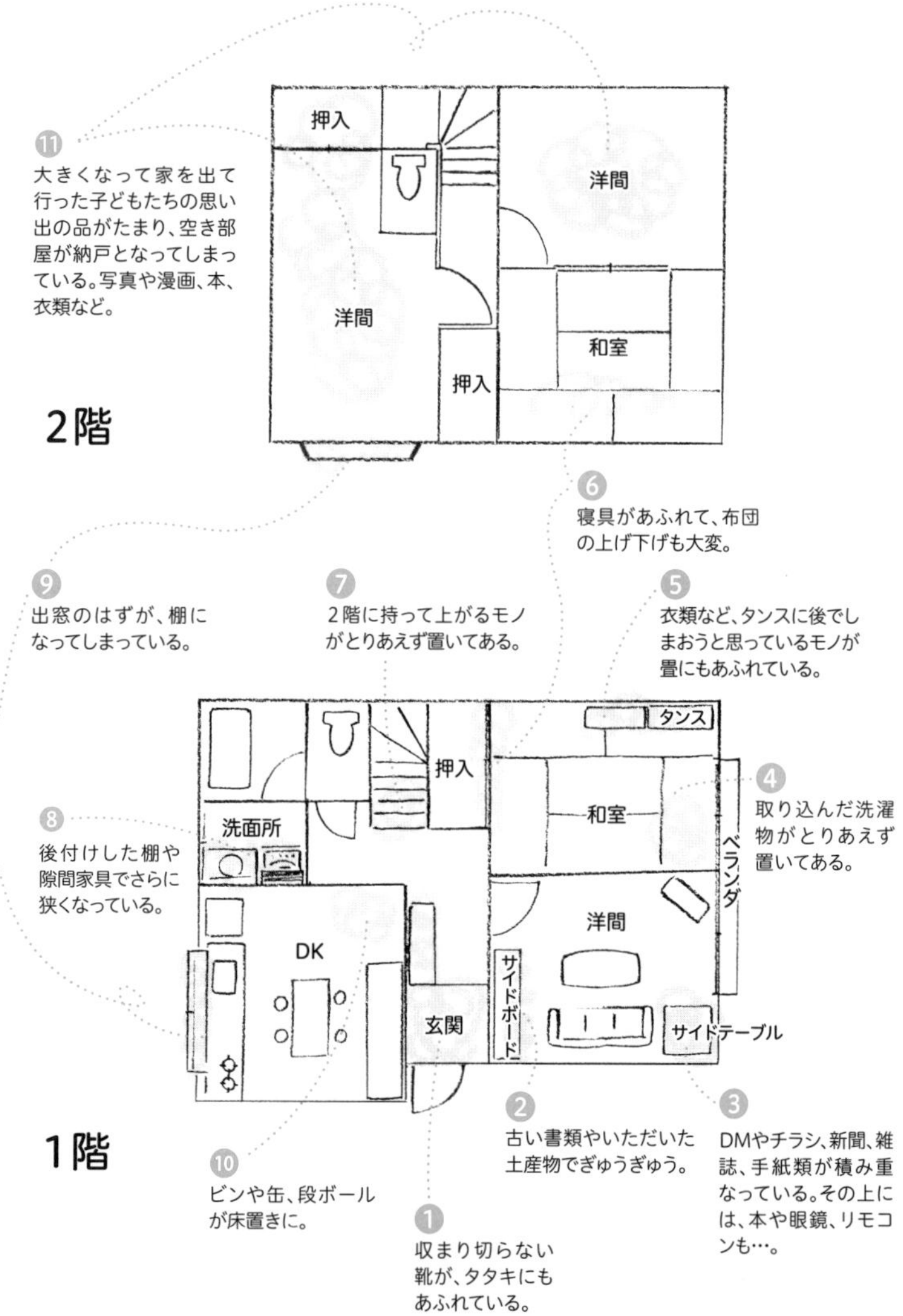

2階
押入
洋間
洋間
和室
押入
⑪ 大きくなって家を出て行った子どもたちの思い出の品がたまり、空き部屋が納戸となってしまっている。写真や漫画、本、衣類など。
⑥ 寝具があふれて、布団の上げ下げも大変。
⑨ 出窓のはずが、棚になってしまっている。
⑦ 2階に持って上がるモノがとりあえず置いてある。
⑤ 衣類など、タンスに後でしまおうと思っているモノが畳にもあふれている。
1階
押入
タンス
和室
洗面所
ベランダ
洋間
DK
サイドボード
玄関
サイドテーブル
④ 取り込んだ洗濯物がとりあえず置いてある。
⑧ 後付けした棚や隙間家具でさらに狭くなっている。
② 古い書類やいただいた土産物でぎゅうぎゅう。
③ DMやチラシ、新聞、雑誌、手紙類が積み重なっている。その上には、本や眼鏡、リモコンも…。
⑩ ビンや缶、段ボールが床置きに。
① 収まり切らない靴が、タタキにもあふれている。

ステップその2　ゴールイメージを聞く

危険やストレスばかりを聞いていると、やる気が起こらず不安が膨らんでしまう方もいらっしゃるかもしれません。気分転換に素敵なゴールイメージも聞いてあげてください。例えば「何か新しく始めてみたいことはない？」「誰かお招きしたい人はいない？」「何か飾ってみたいモノはない？」「しまい込んでいる素敵な食器で使ってみたいモノはない？」といった楽しい質問をたくさん投げかけてみてください。

なかなかご両親自身では思いつかないようでしたら、「お友達を招いて久しぶりにあのお気に入りの茶碗でお抹茶を立ててみたら？」「この出窓の上を一度きれいにして、今まで行った海外旅行の写真を飾ってみたら？」「久しぶりにみんなで集まってビデオ上映会をしない？」など、楽しいイメージを膨らませたり、若い頃楽しんでいたことなどを提案したりしてもよいでしょう。小さなゴールイメージでも、片付けのモチベーションを上げてくれることはよくありますし、やがて大きな素晴らしい変化につながることは少なくありません。

ここで、素敵な70代のお客さま（Aさま）の例を紹介しましょう。Aさまは広い一軒家に一人でお住まいでしたが、とてもセンスが良く、洋服が大好きな方でしたので、その数は万を超えるほどもあり、クローゼットに収まり切らずに、家の中の至る所に洋服が山積みになっていました。

そんなAさまに夢をお尋ねすると、自宅のピアノが置いてある部屋の衣類を片付けて、「お孫さんたちのピアノ演奏会を開きたい」とのことでした。数日かけて、大量の洋服を整理収納したところ、家全体が片付いて、洋服があふれて使えなかった洋間もすっきり。美しい空間へと変わりました。その翌年のお正月、「コンサートを開くことができました」と、たくさんのご家族やお孫さんたちに囲まれて幸せそうなAさまのお写真入りの年賀状を頂きました。

皆さまは今、何をしたいのでしょうか。どのように暮らしたいのでしょうか。自分自身に問いかけることが第一歩。Aさまのように、ご自身で夢を描くのは意外と難しいものです。ぜひ幸せな質問をたくさん投げかけて、素敵なゴールイメージを引き出してあげてください。

ヒアリングは、ご両親の楽しみや夢を引き出すお手伝い！

第2章
親の住まいに寄り添う

ステップその3　改善策を探りましょう

長年住んでいる家というのは、見慣れた景色となっているので、危険な配置や収め方をしていても、ご自身では気づきにくいものです。同居していない方が、家の中を客観的に見ることができますので、28ページの例を参考に普段から危ない、大変そうだなと思うことを書き出して、伝えましょう。もし娘さんでも分からない場合は写真に撮ってみると良いでしょう。写真は自宅を客観的に見せてくれる最良の方法です。

その改善策や取り掛かる場所を明確にして、おおよその計画を相談しましょう。はじめは、ご両親がやってみたい所から作業するのがお勧めです。きれいになったという達成感、便利で安全で分かりやすくなったという安心を実感してもらい、次につなげましょう。美的収納では、最も大切なのは「思いやり」の視点を持つこととお伝えしています。靴下一足でも「これはどこに置けばいいかしら？　お母さんがすぐに分かり安全に取りやすく、洗濯した後に戻しやすい棚はどこかしら？」というように、想像力を働かせて、それを使う人が最も楽な場所を考えていきます。

ご両親が片付けてみたいところを聞き出しましょう

今すぐできるポイントから

手順を追って作業を進めることが難しい場合も多々あるでしょう。そこで今すぐできる改善のポイントをまとめます。

目的のモノがすぐに見つかる工夫例

透明のプラスチックケースに小物を収納したり、読みやすい大きさで書いたラベルを貼ったりすると、一目で何が入っているのか分かります。場所を変えることに不安がある方は、収納場所の一覧表を書き、間取り図に、何がどこにあるのかを書き込んだ〝収納地図〟を作るとよいでしょう。

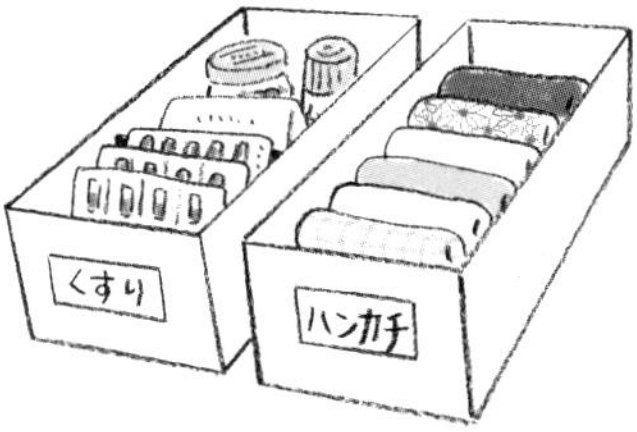

健康状態に合わせた工夫例

高齢でも元気に動ける方や、肥満解消のために動いたほうがよい方は、日常的に使うモノをあえて少し離れた所に配置してもよいでしょう。家の中を歩いたり、階段を上り下りしたりすることで、運動量を維持できます。

足腰が弱くなっている人や体力が低下している方は、よく使うモノを身近に配置します。できるだけ少ない歩数で取りに行けるようにしましょう。重さのあるモノは、手を伸ばしたり、しゃがんだりしなくても取り出せる位置に、腰をかがめずに取り出せる場所に置くなど、持病などの状態に合わせて配慮してあげてください。

頻繁に2階に上がるのが難しい方は、日常で使うモノ（毎日～毎月）はすべて1階に集め、それ以外はできるだけ2階に上げましょう。ご両親には日頃から、近々使う予定があるモノや最近使いたいと思うようになったモノを事前にメモしてもらい、娘さんが訪ねた時に、リストのモノを2階から降ろし、使わなくなったら戻してあげましょう。

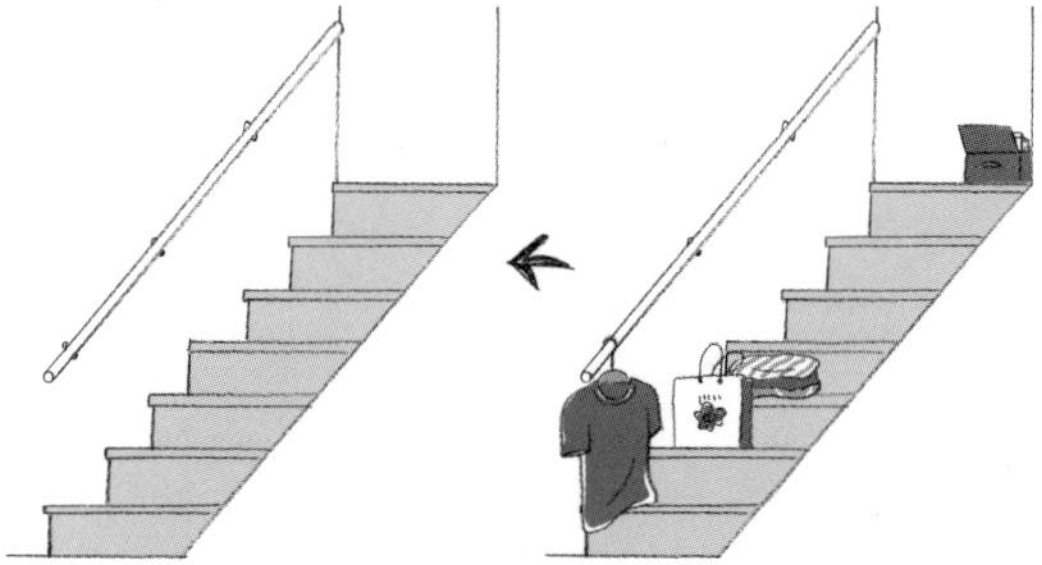

危険を回避する工夫例

高い所にある戸棚は、椅子や踏み台の上でバランスを崩して転倒する恐れ、モノがきちんと入れられず落ちてくる危険も。無理に腕を伸ばし、肩を痛める時もあり、地震の際にも危険です。高い戸棚には使用頻度の低いモノを入れるか、できる限り使用しないように心掛けてください。

階段と階段周りは滑りやすいので、絶対にモノを置かないようにしましょう。何かを抱えて降りてくる時に、足元が見えず危険です。

そして、床にモノを置くことも危険です。雑誌やリモコンを入れるボックス、新聞紙、バッグ、脱いだ服、ティッシュの箱、買ってきたままの紙袋やビニール袋などが床にあると、つまずく原因となります。夜間にトイレに行く時など、部屋が暗いと床がよく見えないため、なおさら危ないです。

ごみや細かいモノが見えにくくなるので、踏んでけがをすることも、定期的にモップ掛けや床の拭き掃除をしましょう。

また、全身鏡や細長い隙間家具、背の高い洋ダンスや食器棚などは、地震などで倒れてきやすいもの。災害などの緊急時に速やかに逃げることができるように置かないようにするか、邪魔にならない場所にしっかり固定してください。

収納場所を覚えていることが難しくなるので、引き出しが少なめの家具を検討してみてください。

あれは
どこに入れたかしら？
引出しにレールが付いているものを選んで。

されど母娘の関係

もう一つお伝えしたいことがあります。片付けをするのはお母さまと一緒の場面が多いでしょうか。お母さまの体力と心の様子を伺いながら、スローペースで少しずつ進めていきましょう。そして片付けるというより、片付けを理由にお母さまとのコミュニケーションを楽しみながら、安全な環境を整えるつもりで行ってみてください。

特に娘さんが親の住まいの片付けを手伝っているような場合には、モノを処分する段階で意見の相違が生まれ、けんかや行き詰ってしまうことが少なくありません。家族だからこその甘えもあります。親の住まいでも、別の暮らし、人生であることをお忘れなく。結論としては、無理に捨てさせないことです。モノがなくて苦労した時代を知っているご両親は、「使わないな

ら捨てればいい」と言われてしまうのはつらいものなのです。

また、作業中に「これはいるの？ いらないの？」と何度も聞いたり、「これ、捨てていいよね」「取っておいてもしょうがないよ」と断定したりしてしまうと、モノへの執着心を高めてしまい逆効果です。まずは、「寄付やリサイクルショップなど売却してもよいと思うモノはある？」と聞いてください。それだけを別にしておき、使うモノを取り出しやすく整えて差し上げてください。便利で安全に、そしてモノを粗末にしない方向で話を進めていくのがよいでしょう。

今日はラベルを貼るだけ、今日はセーターを畳み直してみるだけにするなど、お母さまがやりたいこと、気になること、できることから少しずつ快適に暮らすための工夫をしてみましょう。変化に対するお母さまの心と体の様子を見ながら、使いやすさと安全性に配慮して少しずつ進めていきましょう。

◇知っておいてほしいこと◇

・許可なく作業をしない…親の住まいでも他人の家です。プライバシーを守りましょう。
・無理に捨てず、迷ったら取っておく…物を処分することに抵抗がある世代です。信頼を失うと作業が中断してしまうことがあります。
・一度に多くのモノを移動しない…場所を変え過ぎると混乱して不安になったり、病気を招いてしまうことがあります。

・一度に多くの作業をしない…当日は元気でも翌日以降に疲れが出ることがあります。体力的に危険なため、無理はやめましょう。

・嫌がったら、すぐに作業をやめる…何かがきっかけとなり不安や寂しい思いをされる可能性があります。一旦作業を中断し、お気持ちを聞いて差し上げましょう。

第3章

美的収納とは

片付ける動機は何？

皆さまがこれまで、片付けに取り掛かった時の動機は何でしょうか。「散らかっているモノを何とかしたい」という理由だけで作業をしていなかったでしょうか。「片付けたい」という気持ち自体が目的となってしまい、でも「片付けられない」ことにストレスを抱えてしまっている方も多いでしょう。

片付けは、作業としてはシンプルで難しいものではありませんが、淡々と地道な作業を繰り返しますので、面白みに欠け、多くの時間と労力、そして強い意志が必要だと言われています。なんだかダイエットや筋トレに似ていますよね。当たり前のことをコツコツ続けていくだけなのに、これが続かない。そして、荒療治をするとすぐにリバウンドしてしまう…。

しかし、実際には強い意志や努力など必要なく、むしろユルい、気軽な気持ちで少しずつ進めていくことが一番結果につながっていくと感じています。

そのために大切なことは、片付ける動機を「部屋をすっきりさせたい」というだけでなく、「片付けた先にその部屋でどんなことをしたいか」を楽しく具体的に描いてみることです。

例えば、毎晩、一度も使っていない美顔器で肌をお手入れしたい。いつでも生花を楽しむ暮らしをしてみたい。毎週末は心を込めて作った食事を大切なパートナーと共にしたい、など。以前からやりたいのにできなかったこと、忙しくて雑になってしまっていることを、実現して楽しむという、この思いを美的収納では「ゴールイメージ」と呼んでいます。これがあるのとないのとでは、やる気が劇的に変わりますし、仕上がりが全く変わってきます。ゴールイメージは何より仕上がりを変えてくれるものなのです。

私は美的収納を始める皆さまに「お部屋がきれいになったら何をしたいですか?」と聞いてきました。ほとんどの方が最初はやりたいことを無理やり引き出してくるので、とても不自然に、無意味に感じられる方が多いようです。でも片付けが終わる頃には、「片付けること」よりも「どう暮らしたいのか」というこ

美的収納
お気に入りの
ソファを置きたい
窓辺に座って
風を浴びながら
お気に入りのソファで
1日中本を読みたい

とに自然に心が向き、誰もが具体的に描けるようになります。最初はなかなかイメージが描けないのですが、一つでも良いので、何か思い描いてから作業に入られることをお勧めします。

以下の質問をヒントに、ご自身に問い掛けてみてください。

買ってから何年も経っていて、一度も使っていないモノはありますか?

もっと丁寧に行いたいのに、最近雑になっているなぁと思っていることはありませんか?

平日の夜、毎日2時間あったら何をしたいですか?

もう一人の自分がいるとしたら、何をしてもらいたいですか?

お気に入りのカフェやお店の内装写真、憧れの有名人のお部屋のインスタなど、自分のゴールイメージに近い情報を集めてみるのもいいでしょう。収納作業を進めるうちに、迷いが生じた時は自分の理想のイメージを確認するための参考にもなり、心が折れそうになった時は、支えや希望にもなってくれるでしょう。

片付けの鍵はやっぱり収納

「美的収納」では、家の中のモノを分類することによって、誰もが楽に、しかも美しい空間を手に入れられる収納の仕組みを提案しています。モノを処分したり、家具を買い足したりして収納スペースを広げるのではなく、今あるモノと収納を独自の方法で見直し、それによって生まれる隙間を生かしていきます。

長年暮らした家であればあるほど、慣れもあって使い勝手の悪さ、複雑さに気づかないかもしれませんが、「美的収納」を取り入れてみると、まず窮屈さや詰め込んだ印象がなくなります。美しい空間は見るたびにうれしくなりますよね。そして整った空間は驚くほど、動きがシンプルになり体も楽になります。美的収納によって成功体験を重ねていくと、この空間を維持したい、改善したいという気持ちが沸いてくる方が多くいらっしゃいます。

片付けが得意な方・好きな方は、終活を意識しながら、以下の「美的収納」の片付けを進めてみてください。苦手な方は第3章に目を通していただいてから、第4章の中でここならできそうだな、やってみたいなと思う所から始めてみてください。誰でも「楽に」取り出せてしまえる、そして「楽しい」と思える時間を増やしていく。そのヒントが詰まっています。

「美的収納」の
5つのステップとそのメリット

ステップ1
分類

グループ分けをする。
どのようなモノを、
どれだけの数持っているか把握できる。

ステップ2
厳選

「持つべきモノ」の基準を決める。
モノに対する価値観、趣向が分かり、無駄な出費も減らせる。

ステップ3
仮置き

モノの指定席を決める。
最適な置き場所が分かり、家事や仕事を効率的にできる。

ステップ4
器選び

箱や家具を決める。
モノの量、形や大きさに合う器を決めるため、分類した指定席が乱れなくなる。

ステップ5
本置き

整えて収める。
目的のモノが探しやすく、見た目が美しい状態を維持できる。

「美的収納」には、分類→厳選→仮置き→器選び→本置きという「5つのステップ」があります。効率よく進めるため、またリバウンドしないためにも、このステップの順番通りに行うことが大切になってきます。

例えば、2番目のステップ「厳選」から始めてしまうと、全体量を把握しないで一つ一つのモノを見ることになるでしょう。すると「いらないけれど、いつか使うかもしれない」などと迷っているうちに混乱が生じやすく、とても時間がかかってしまいます。けれども、まずステップ1の家の中のモノをジャンル別におおまかに「分類」してから「厳選」に取り掛かれば、自分がどんなアイテムをいくつ持っているのかを把握できるので、「傘が10本もあるから汚れているモノは処分しよう」「泡だて器はめったに使わないけれど、代用できるモノがないから1本だけ残しておこう」など判断が客観的にできるようになり、「あの時に捨てなければよかった」という後悔がありません。

また、ステップ4の「器選び」から始めることもお勧めしません。収める量が曖昧なまま器（容器、かご類）を用意してしまうと、モノが収まり切らずに複数の場所に点在してしまい、そのうちに指定席（置くと決めた場所）が複雑になってしまいます。一度決めた場所が不便で、他のモノと指定席を交換した場合、箱が合わずに買い替えをしなければならず、余計な出費や手間がかかってしまうことになりかねません。

やはり、5つのステップを順に進めていくことが、理想の収納への近道となります。

片付ける前に、写真を撮っておきましょう！

写真であらためて部屋の中を見ると、現状を客観的に見ることができ、作業後の効果も実感できます。繰り返し撮り続けると、モチベーションも落ちません。

ステップ1　分類

「片付けが苦手」とおっしゃる方々のお宅を拝見すると、「ここまでご自分でちゃんと分けられているのに、惜しいなぁ」と感じるケースがほとんどです。その惜しいという原因は「とりあえず置いたモノ」にあると思われます。買い物途中、いい香りにつられて買ってしまったアロマ雑貨、いつか行きたいと思ってもらってきた旅行のパンフレット、定期的に送られてくる年金や保険の更新書類など、「とりあえずここにしまって、あとで読もう、あとで使おう」と積んだり、隙間に置いたり…。心当たりがありませんか?

美的収納ではまず、モノの特徴ごとにそれぞれ、おおまかにグループ分けをしていきます。これを「分類」と呼んでいます。私が拝見したどこのお宅も、皆さんが思っている以上に基礎はできています。足の踏み場もないほどのお宅でも、グループ分けされた上に「とりあえず置いたモノ」が積み重なっている場合が多く見られました。ちょっと置いただけのつもりが、ずっとそこに置かれて気にも留められなくなっているモノ、ありませんか? 全く整理できていないわけではないので、安心してください。

この「とりあえず置き」を解決すべく、あらためて「分類」の進め方についてご説明します。片付けと聞くと、要らないモノから処分をしたくなりますが、美的収納は「分類」から始めます。家のあちこちに点在しているモノをカテゴリーごとに「1カ所に集める」という作業です。家の中にどれだけのモノがあるか、その全体像を知ることができます。持っているモノを確認していくうちに、「この缶詰が多い」「洗剤のストックが二つもある」など、自分の好みや買い物のクセ、重複しているモノも分かってきます。

そうは言っても、家の中をすべて分類するとなると膨大な量を想像してしまいますよね。きょうは文具、きょうはキッチンの調理器具だけと決めて、少しずつ進めるか、全体を整えるなら最初はおおざっぱに手早く分けるのがコツです。

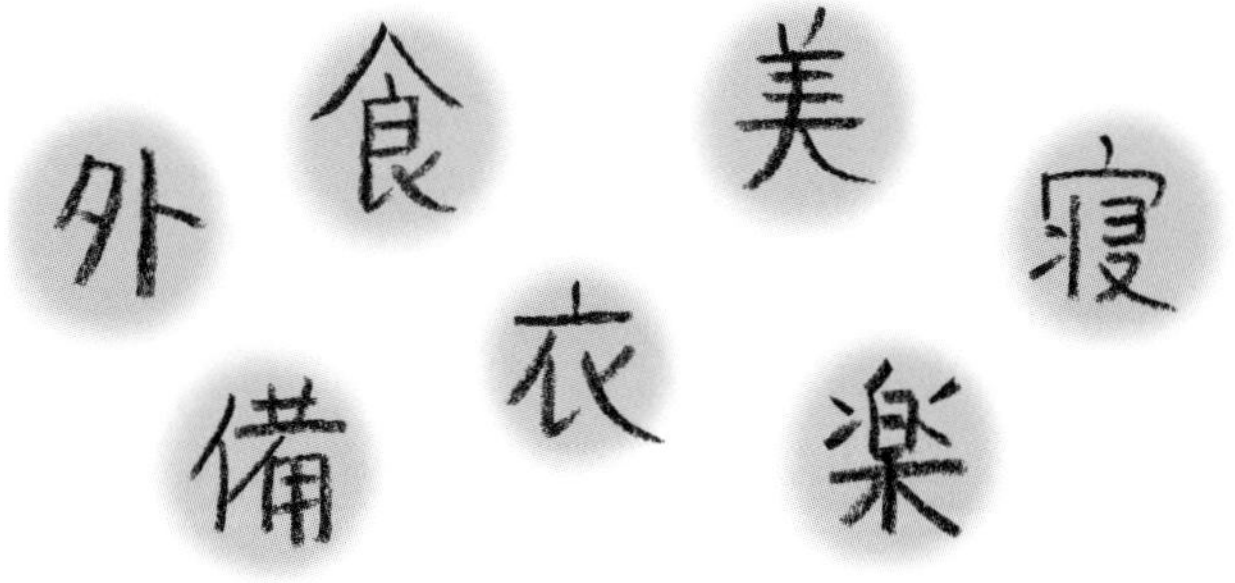

家の中のあらゆるモノは1日の行動から、**7つの配置カテゴリー**に分けることができます。その7つとは、「食」「美」「衣」「外」「楽」「寝」「備」です。第4章でも詳しくご紹介します。

この「7つの配置カテゴリー」のうち、「食べる」を例にして、ステップ1「分類」を紹介していきましょう。

料理を作るキッチンは他の部屋と独立していて、食材は賞味期限など処分する基準が明確、調理道具も収める場所を決めやすいです。また、毎日の食事で使うので、すっきりと分かりやすくなったことをすぐに実感できます。最初に「楽しい」「快適」と感じられることが大切で、「他の所も分類してみよう!」と次のモチベーションもアップします。

キッチン用品は、作るモノ(食品、キッチンツール、調理道具など)、盛り付けるモノ(食器、カトラリー、テーブルウエアなど)、片付けるモノ(洗剤、ごみ袋、保存容器など)に分類します。食品と調理道具(煮炊きするモノ)の分類を例としてご紹介しましょう。

食品はさらに食材、飲料、調味料の三つに分かれます。それらをさらに細かく分けていきます。ツリーのように徐々に細分化していくイメージです。どう分けてよいか分からない場合は、スーパーマーケット、ホームセンターなどの売り場を思い出してみてください。

例1「食品」の分類

ダイニングテーブル、または畳1畳分のスペースを用意し、すべての食品を集める。

↓

食材、飲料、調味料に分ける。

↓

さらに細かく分類する。

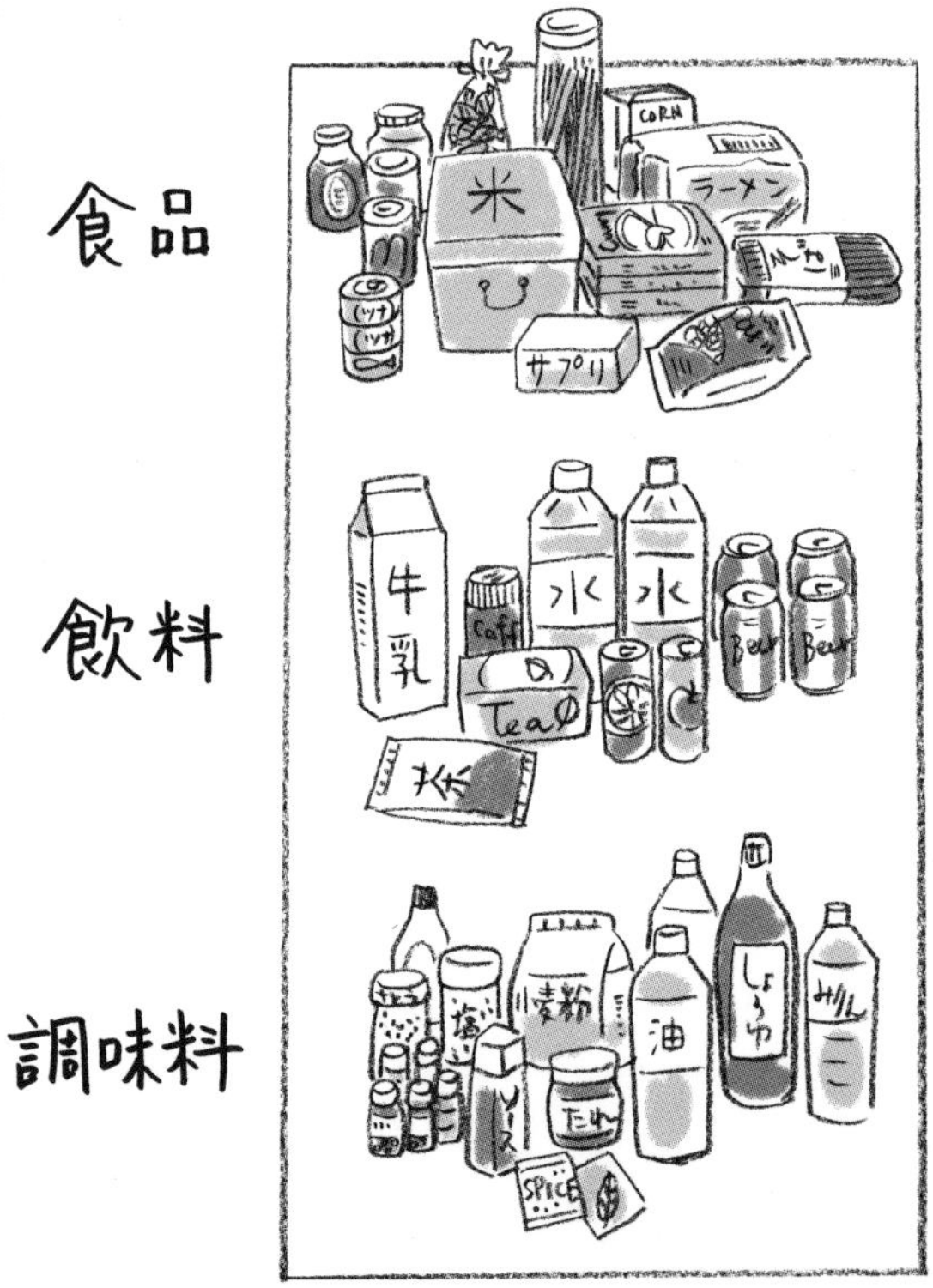

食材…米・もち米、麺類、乾物、レトルト、缶詰、瓶詰め、インスタント食品、お菓子、サプリメント　など

飲料…お茶（緑茶、紅茶、コーヒー）、水、ジュース、ビール　など

調味料…粉（小麦粉・片栗粉・パン粉）、液体（しょうゆ・料理酒・みりん・酢）、油（サラダ・オリーブ・ごま）、たれ・ソース、香辛料、塩、砂糖、だし・ブイヨン、製菓材料　など

※それでも、分量が多ければ、さらに分類していく。

例2「調理道具」の分類

調理道具を集める。

↓

煮る・ゆでる・蒸す（＝水を使うモノ）、
焼く（＝水を使わないモノ）に分ける。

煮る・ゆでる・蒸す…両手鍋、片手鍋、蒸し器　など

焼く…フライパン、中華鍋、卵焼き器　など

分類を始める時に、よく「何から始めたらいいか」と聞かれますが、多くの方が失敗しがちなモノもあります。代表的なモノは、書類、写真、手紙、雑誌などの切り抜き、書籍、思い出の品です。これらは、後回しにしてください。

なぜなら、グループ分けや持つ基準が決めにくく、内容に気を取られて、判断に時間がかかってしまうことがあるからです。また見た目の変化がわかりにくく、あまり使用しないので「きれいで便利になった」という感動がすぐに味わえないのです。お客さまのお宅の作業では、住まいが完成に近づいた最後に行っています。まずは、キッチンや洗面所、玄関、クローゼットなど、一番使う所、片付けることで生活が楽になる所から始めるのが良いでしょう。

ステップ2　厳選

分類が終わって次に取り掛かるのが「厳選」です。美的収納でいう「厳選」とは、すっきりと暮らすために捨てるモノを探し、数を減らすことではありません。作業中は、とかく要らないモノが先に目に付いてゴミ袋へ入れてしまいがちですが、必要ないモノを選んでばかりでは空間が一時的にスッキリするだけで、前向きな明るい気持ちは生まれてきません。この「明るい前向きな気持ち」が実はとても大切なのです。

美的収納は、分類した中から自分が好きなモノ、使いやすいモノから選び取っていきます。自分の好きなモノを選ぶという過程は、「これ、私好きだったんだ」「こんなふうに使ってみようかな」と思い直す楽しい時間になります。それは、モノを通して自分の心が求めているものが分かるから。自分でも気づかなかったモノに対する価値観や好み、使い勝手の良さなどを再発見できます。美的収納は、モノが増えた理由とその対処法、適量も分かる仕組みにもなっているので、「あれっ、気づいたら洗剤の詰め替えがこんなにあった。あっという間に増えてしまった」などということがなくなります。

◆厳選の手順

分類したモノを、以下の順で選び、次にそれぞれのグループごとに特徴や理由を考えてみましょう。

1. 大好きなモノ……使用頻度にかかわらず、持っているだけで幸せを感じられるモノ。
2. 必ず使うモノ……よく使うモノだけでなく、消耗品のストック、年に一度しか使わないモノ。
3. 手放すモノ……壊れている、汚れが落ちない、用が済んだ、飽きたモノ。
4. 迷うモノ…………1〜3に当てはまらないモノなど（次ページ参照）。

ジュエリー、アクセサリーの厳選例

（著者の場合）

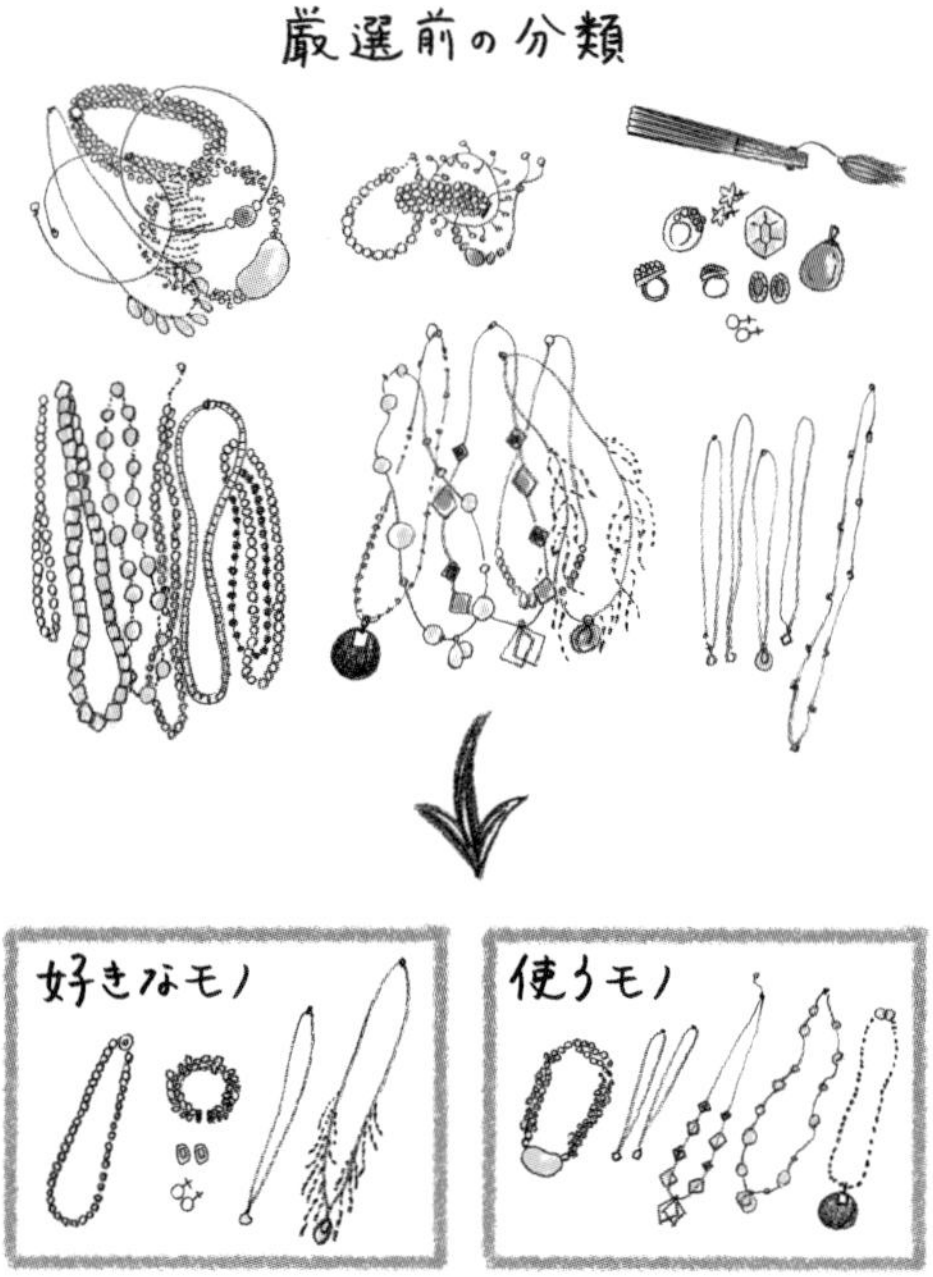

- 色が淡い
- 装飾的
- 繊細なデザイン

- 今流行っている
- 付けていて楽
- 合わせやすい

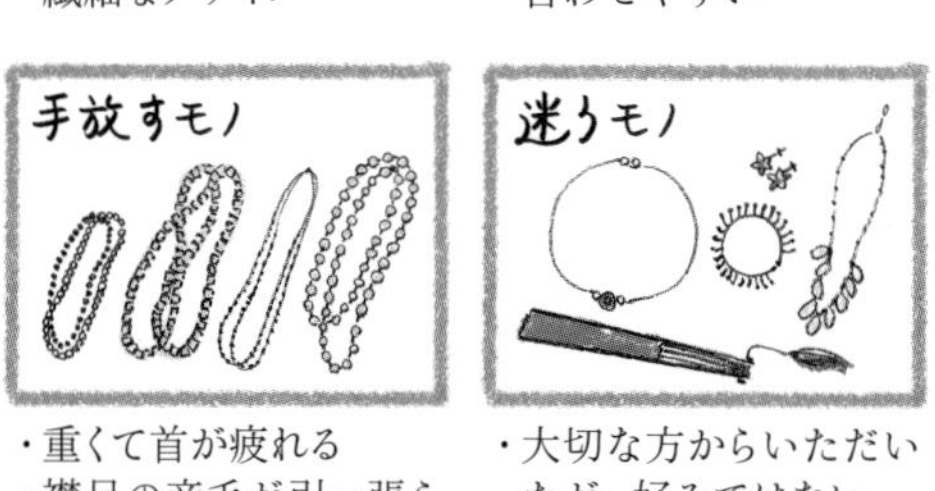

- 重くて首が疲れる
- 襟足の産毛が引っ張られ痛い
- 色が剥げてきた

- 大切な方からいただいたが、好みではない
- 今のライフスタイルに合わない
- 未使用だが、まだ使えそう

判断に迷った時は……

厳選していくなかでよくあるお悩みが、もともと好きで集めたモノ、旅先で買った思い出の品、人からのプレゼントなどを見直している際に「自分の好みには合わないけど、処分しづらい」「普段は使わないけど、何年か先には使う時が来るかもしれない」といった判断に迷うケースです。「捨てる決心がつかない」モノは、いろいろありますよね。そんな時は無理に手放す必要はありません。無理やり数を減らし後悔した経験から、その後手放すことが怖くなり、冷静に判断ができなくなってしまう方が後を絶ちません。

またこれらのモノは使用頻度が低めなので、使用頻度だけで決めてしまうと、自分にとって大切なモノ、その価値観が見えなくなってしまいます。ぜひ自分で考え、感じたことを大切にして基準を決めていただきたいです。迷うモノは自分が納得のいく基準を知るチャンスですし、その基準を持つことが、美的収納がうまくいく秘訣となります。

そして無理に手放さない代わりに、必ずしていただきたいことがあります。「迷っているモノを覚えておく」ことです。リストを作ったり、撮影しておいたりするのもお勧めです。自分の価値観というのは変化します。「あの時大切だったのに、半年後に向き合ってみたら不要になりました」というお声をよく聞きます。日々の暮らしのなかで、覚えてさえいれば「こんなふうに使える！」というアイデアがひらめくこともあれば、「これは単なる憧れだった…」と無理なくお別れできるタイミングがやってきます。

さらに余力のある方はもう一歩！　次のチェックポイントを参考に、迷う理由を少しずつ明確にしておきましょう。そうすることで自分の価値観を深く知ることができ、半年後ではなく、その日のうちに納得して「取っておく」「手放す」と即断できることも少なくないからです。その際、ご家族や友人に質問してもらうことをお勧めします。一人で黙々と作業をするのはつらいもの。人に話すことでいつもと違う視点を発見し、新たな気づきを得られます。前提として美的収納では手放さなくても全く構いません。ただ、持っている目的を、今までと変わらず曖昧にしたままでいるのは避けましょう。そのための質問となります。

「迷い」を揺さぶり、本音に気づくための3つの質問

□二束三文でも、買い手やもらってくれる人がいるなら譲りたいですか？
（こんなモノ、売れないでしょ？ とおっしゃるようなモノでも、今はたいていのモノを譲れる仕組みがあります）

□その商品を買う時に何に魅力を感じましたか？
（こんな風に使いたいと思っていた気持ちを思い出してみましょう。使いたいと思わなければその先も使わないでしょう）

□それを使うのがもったいないという気持ちはありますか？
（子どもたちに継いでいきたいモノは保管しておいてよいでしょう。壊れる、汚れるなどの理由から怖くて使えないのなら、それを使わずじまいでも良いのか？ と一歩踏み込んで考えてみてください）

美的収納が他の収納法と違うのはこのモノと向き合う深さだとよく言われます。モノには自分を知る情報がいっぱい詰まっているので、使わないからとポイポイ処分してしまうのは、とてももったいないことです。モノの数を減らしてすっきりさせたい方こそ、丁寧に考えることをお勧めします。不要品を間引いて整理するより、迷うモノを見直した方が数は格段に減ります。

丁寧に考えたことで「使う予定がはっきりした」「いつかこんな風に使いたいと具体的に夢が描けた」などストーリーが語れたモノはぜひ、残してください。モノは使ってこそ本来の価値を発揮するはずです。

そして、「手放す」と判断したモノはすべて捨てるわけではありません。行き先は大きく分けて譲渡、売却、寄付の3種類あります。その行き先を最後まで考えるのがモノへの優しさでもあります。

それを使うのは
もったいない？
買い手や
もらってくれる人
がいたら
ゆずりたい？
その商品を
買った時、
どんな魅力を
感じた？

要らないと思ったら新しいうちに手放してください（鮮度が落ちない、流行が去らないうちに）。衣類は古いと特に買値が下がります。リフォーム代や手間をかけてまで再利用したいと思えるなら残しておきましょう。不要品を誰かに譲る時は「必要なモノだけ使ってくださいね。要らなかったら遠慮なくお返しくださいね」と一言添えてください。具体的にいつどう使うのかを描けないモノは、目に触れる所にしばらく置いてみましょう。しばらくたってアイデアがひらめく場合もあれば、「これだけ考えても思いつかないのだから、やはり使わないな」と悔いなく手放せるようになります。

コラム1　表舞台と裏舞台

美的収納では、家の中を大きく、「表舞台」と「裏舞台」の2つに分けて考えます。

「表舞台」とは、リビングやダイニング、個室（寝室、書斎など）を指し、そこでくつろいだり、家族のだんらんのための空間で、居心地のよさや美しさを重視します。「裏舞台」はキッチンや洗面室、浴室、トイレ、玄関、納戸など、食事の支度や片付け、身支度を行う空間で、効率の良さを重視します。いわゆる“楽屋のイメージ”ですね。

作業に取り掛かる時は「裏舞台」から始めるのがよいでしょう。「裏舞台」の収納が改善されると、おのずと「表舞台」の空間や収納スペースに余裕が生まれるからです。逆に言えば、「表舞台」の乱れは「裏舞台」の原因があることも少なくないため、「表舞台」の見直しを先に行うと、根本解決が遠くなってしまいます。どこから整理したいか、と考える時に「表舞台」と「裏舞台」を意識してみてくださいね。

ステップ3　仮置き

好きなモノ、必要なモノが集まったところで、次のステップ、置き場所を考えていきます。美的収納では「仮置き」と呼んでいます。なぜ「仮」を付けるのか、皆さん不思議に思いますよね。美的収納は、置き場所を一度決めたらおしまい、ではなく、**いちばん最適な場所を求めて繰り返し見極めていくので、**その場所が見つかるまでは「仮」なのです。

とはいえ、「最適」な場所を早く知りたい！　その答えは、どこに置いたら楽に戻せるかということを考えれば、見つかります。自分や家族が一番使いやすく、**楽に戻せる指定席**を探してみましょう。**「楽に」＝「動線が短く、手間が少ないこと」**。そして、**「安全で衛生的であること」**もお忘れなく。無理に高い位置にしまったり、手前の重いモノを動かしてから戻すようでは大変ですし、危険です。壮年期を迎えた女性たちには大切な視点となってきます。

朝起きてから出掛ける支度、帰宅してからの夕飯づくり、就寝するまで、その間の掃除や洗濯など、動線に沿ってモノを配置するのがベストです。取りに「行ったり来たり」の回数を減らすことを考えてみましょう。取りに行くのもしまいに行くのもらくちん！　安全で楽な動線が、家族にとっても自分にも優しい暮らし方につながります。

仮置きしてしばらく生活してみると、2階に持って上がる予定のモノがいつまでたっても1階に置きっぱなしになっていたり、納戸にしまっているモノが思いの外、使用頻度が高かったり、想定通りにいかないことがあります。その理由は、その配置が動線に合っていないことが考えられます。そのまま放置しているとモノがあふれ、使いづらさから、ある日突然片付けることが嫌になってしまったら元も子もありません。

どこに置くと楽かしら？
ここは早く
スッキリしたいけど
器を決めるまでは
ガマン！

そうなる前に、今よりもっと「楽に戻せる」場所はないか、見直してみましょう。見直しのサインは「楽に元に戻せない！」ということです。もしかすると、意外な所に使いやすい場所が見つかるかもしれません。乱れたらチャンスです。失敗を恐れないでくださいね。

また、仮置きを試しているうちに、「こんなおしゃれな入れモノがあったらいいな」と思うことがありますが、ここは我慢のしどころです。箱やケースなどの「器選び」は次のステップ、まずは指定席を決めてから。仮置きの最中は空き箱や紙袋、アクリルケース、ジッパー付き保存袋など、身の回りにある容器や道具で代用し、器選びの楽しみは、次のステップまで取っておきましょう。

1カ所に収められない場合は？

例えば、持ち手の付いた調理道具、おたまやフライ返しなど、サイズが大小あり、種類も豊富。モノによって使用頻度も異なります。よく使うモノ、次に使うモノに分け、できるだけ近くに別々に収納すると便利です。

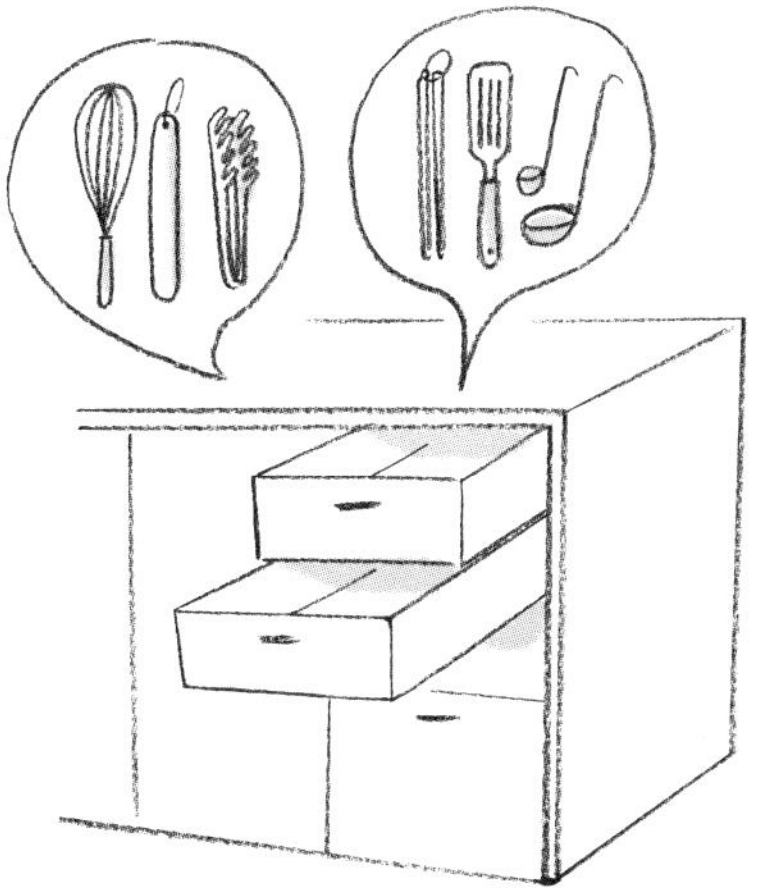

ステップ4　器選び

いよいよ楽しい器選びです。「器」とは、小さいモノでは箱や収納ボックス、大きいモノでは家具などを指します。インテリアにも影響するので、「北欧風のチェストがほしい」「収納ボックスはホワイトに統一したい」など、見た目で選んでしまいがちです。しかし、デザインや値段だけで安易に買ってしまうと、使いにくかったり、収納したいモノが入り切らなかったり、再び散らかってしまうことに…。これでは、これまでのステップが台無しですから、器はサイズや使い勝手だけでなく、衛生、安全、耐久性を十分に吟味してから購入しましょう。出し入れが面倒にならないかどうかも大事なチェックポイント。ぴったりな器を選んでこそ、今までの努力が報われます。

収納グッズは百円ショップやホームセンター、雑貨店などでさまざまなサイズ、形のモノが売られ、複数を同時に使うことも多いです。私が長く愛用しているのは、「角が90度、重ねられる、白色か透明」の器です。美しく、機能的で、無駄な空間が生まれにくいので収納効率にも優れています。インテリアとして飾りながら使うのであれば、中身が見えないタイプで、家具のテイストとそろえると良いでしょう。統一感が生まれて美しくなります。

少し慎重に考えていただきたいのが、収納家具選び。家具は「サイズが大きければ大きいほど、たくさんしまえて片付く」と考える方がいらっしゃいます。しかし実際には、器が大きいほど、中にしまったモノを把握しきれなくなり、モノを探す手間や時間が余計にかかったりしてしまうので、注意が必要です。また、家具自体の大きさだけでなく、引き出しの内寸もしっかりチェックしましょう。

ここで、終活に向けて押さえておきたい点を3つ挙げておきましょう。

容量…モノが入るということは、重さが増すということ。引き出しの場合は、予定のモノを入れて楽に引き出せますか？**レール付きの家具**をお勧めします。

重量…引き出しの重さも考えましょう。モノの重さが加わることで、開け閉めが億劫になってしまい、使わなくなってしまいませんか？

体質…腰や膝が悪い方は、しゃがんだり、かがんだりすることがつらいでしょう。膝より下の部分は、やはりレール付きの引き出しタイプの家具をお勧めします。

器選びは、本当に気に入った器を少しずつ買い足していくことをお勧めします。「仮置き」の時に空き箱や紙袋で作った箱でもしばらくは代用できますので、焦らなくて大丈夫。少しずつ買い足していく楽しみもありますし、こだわった分、モノへの愛着も増し、長く使っていけます。

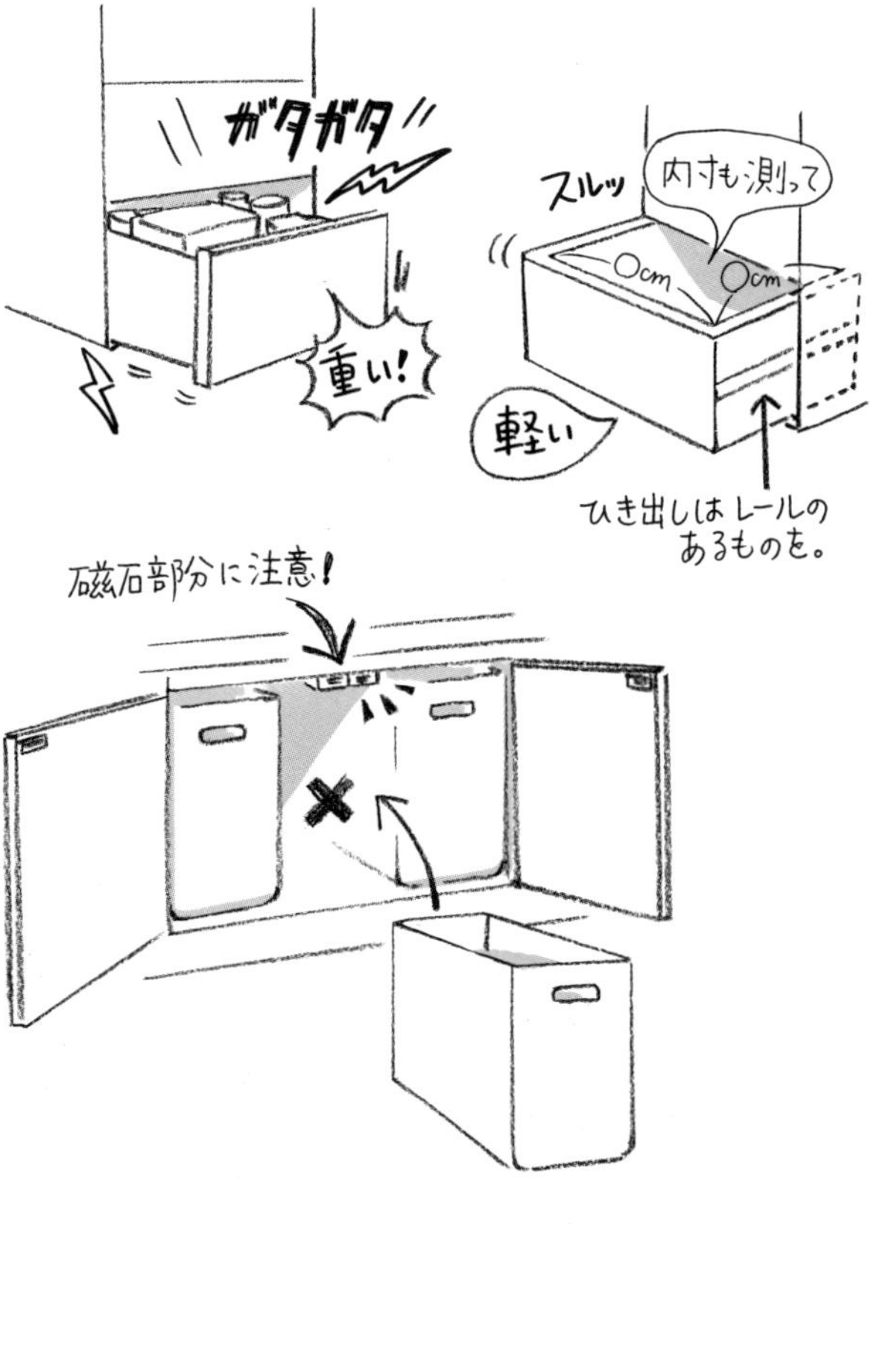

ステップ5　本置き

「本置き」とは、実際にモノを収める作業です。ただ収めればよいというわけではなく、見た目を美しく収めることを意識するとよいでしょう。その理由は戻す場所がすぐに分かるために、です。「仮置き」でも触れましたが、美的収納では探すこと以上に、戻すことの想定も大切に考えています。使った後にきちんと元に戻せれば、スピーディーに探せるのはもちろん、その美しさは永遠に続くからです。ポイントとしては、「モノは重ねずに、一目瞭然となるように収める」ことです。

次に「規則性」や「統一感」を持たせること、つまり「そろえる」ことを意識してみてください。そろえると、探しやすくなります。順序、色、大きさ、たたみ方、方向などを頭に入れながら、収めてみましょう。

また空間に余裕がある方は、モノとモノの間を詰めすぎず、ゆったりと「飾る」ように収めることでより美しくなります。イメージがわかない場合は、美しいインテリアや収納の実例写真を参考にするとよいでしょう。書籍やＤＶＤなどシリーズがある場合は、巻数や号数の順番、著者別、ジャンル別で並べるのがコツです。さまざまな色があるモノは、濃い色から薄い色へ並べたり、目立つ位置にくるモノをインテリアの色にそろえたりすると、まとまりのある美しさに。本は背の高さの順に並べると、見た目がすっきりとします。書棚はファイル等を取り除き、書籍だけにするとぐんと美しくなります。

中でも、乾物・調味料などの食品、化粧品や掃除道具などの日用品は、種類と数が多いうえに、使用頻度が高いので乱れやすいモノの一つです。美容用品は基礎化粧品、メイク用品、持ち出し用、ヘアケアなどに分けます。メイク用品は立てて収納すると取りだしやすく、整理もしやすくなります。

どんなに几帳面な方でも、使うたびに毎回丁寧に収められるとは限りません。寝坊してしまって忙しい朝は、ついきちんと戻せないこともあるでしょう。ご自身の歯や体のメンテナンス同様、2

〜3ヵ月、せめて半年に一度でもよいので、そのような乱れを定期的に整えることを習慣化しましょう。指定席に戻す、向きをそろえる、たたみ直しながら、同時に厳選もしてしまえばリバウンド知らずのご自宅になりますよ。

本置きのポイント

モノの置き方に一定の規則性を持たせる。使う順番に並べると、使いやすい！

モノを重ねず、一目瞭然の状態に収める。立てて収めると取り出しやすい！

モノとモノの間に適度なゆとりを持たせる。見た目もさらに美しくなる！

コラム2　美しいたたみ方

毎日の暮らしの中で、モノをたたむ作業は、意外と多いものです。洋服や靴下に始まり、タオル、布巾、買い物でもらったビニール袋まで。きれいにたたむコツとして、モノの端と端をそろえることは皆さんも、ご存じかと思いますが、もうひと工夫をしてみましょう。

両端をぴったりそろえてたたみ始めると、ずれが生じやすく、仕上がり時には内側の端がはみ出してしまいがち。そこで、仕上がり時に内側となる方の端を、ほんの少し短めにずらしてたたみ始めてください。仕上げに表に返すと、両端が美しく整います。私はこのずらしながらたたむしぐさを祖母から、「控える」という言葉で教わりました。

そしてたたみ終わったら「輪（わ）」を手前にして収めます。最後に輪の部分をやさしくポンポンとたたくと、ホテルに置かれているような、ふんわりとしたたたずまいになります。

モノを丁寧に扱うと、自然と愛着もわいてくるから不思議ですね。

第4章

気になる所から

ここからは実践編です。どなたも家の中で長年、気になっている所があるでしょう。第3章でご紹介した7つのカテゴリーごとに、具体的なアドバイスをまとめました。

私が日々実践していること、お客さまにお勧めしたアドバイスを元にご紹介します。この場所から始めなくては、ということはありませんので、お好きな所や、気になる所から取りかかってみてください。いくつか整うと、コツがつかめてきます。

カテゴリー		収納場所	収めるモノ
食	食に関わるモノ	キッチン・ダイニング	食品・調理器具・食器
美	美容・衛生・洗濯 掃除に関わるモノ	洗面所・ドレッサー	美容衛生用品・ 洗濯用品・掃除用品
衣	装うモノ	個室（クローゼット）	服・バッグ・ アクセサリー
外	外出時に使うモノ	玄関（シューズイン クローク）	靴・傘・アウトドア・ スポーツ用品
楽	勉学・仕事・ 趣味に関わるモノ	リビング・個室	教材・書類・本・PC・ 思い出のモノ・趣味用品
寝	就寝に関わるモノ	寝室・押入れ・ベッド下	寝具・来客用寝具
備	修繕・防災・ 季節に関わるモノ	階段下収納・ 廊下収納・納戸	工具・防災用品・季節 家電・クリスマス用品

1・食

今の暮らしに合う量を

毎日の暮らしに大きなウエイトを占めていることの一つに食事があります。おいしい料理を作ったり、親しい人と食卓を囲んだり、お気に入りのカップでお茶を飲んだり。ささやかなことですが、日々の幸せにつながります。食事をより良いもの、楽しい時間にするために、食品の量や食器や調理器具などの収め方を「安全」の視点からも見直してみましょう。

大切なことは、今の暮らしに合った量を持つことです。年齢によって体力も気力もライフスタイルも変わり、食べる量や内容も変わってきます。ですから、今の自分が食べられるのはどれくらいか見極めて、適量を購入しましょう。とは言っても、その「適量」を見極めるのがいちばん難しいところ。数日間、極力買わないで、今あるモノを工夫して料理をしてみてください。普段、買い過ぎの食品に気づくでしょう。

スーパーでつい買い込んでしまうのは、在庫切れが不安だったり、安さに思わず手が伸びてしまったり、ということが考えられます。たくさん買うことに明確な理由があり、使い切っているのなら大丈夫です。それらをしっかり収める場所を確保して、決まった場所に、在庫数が分かるように丁寧に美しく並べることが大切となってきます。

食器はゆとりを持って収めて

食器も棚に詰め込みすぎると、出し入れの際に欠けてしまったり、落としやすくなったりします。食器もやはり、よく使うモノ、使っていないモノとに分かれるかと思います。使わない理由が、重いから、という食器はありませんか。器自体の重みも体の負担につながります。

お手持ちの食器を次のページの表を参考に厳選し、安全に出し入れできるようにゆとりを持たせて収めてみましょう。**お皿とお皿の間にゆとりができると、使い勝手が格段に良くなり、見た目も美しくなります。**好きな器、必ず使う器は取り出しやすい位置に。あまり使わない食器は、中段の奥へ。大きく重さのある食器は、下に入れたほうが安全です。

またお盆やトレーも、サイズや形もさまざま、美しく収めるには悩み多きアイテムの一つ。すべらず安全、そして美しいお盆というのはなかなか出合えないもの。ただ最近、手元が不安定になってきたなと感じたら、無理して使う必要はありません。友人宅にお呼ばれした時、大切な食器に心を込めたお料理を盛り付けて、大事そうに運んでくれる両手に、マナー以上の美しさを感じます。

よく使う食器は取りやすい位置に収納

お茶碗、汁椀、中皿、小皿、グラス、カップなどよく使う器は、食器棚の中段の手前へ。何枚も重ねたり、奥にしまい込んだりしてしまうと、取り出すのも片付けるのも大変になってしまいます。楽に出し入れできるよう、できるだけ重ねず、手前に置きましょう。少ない動作で出し入れができるか確認しましょう。

テーブルウエアとのお別れ

若い頃は、素敵なテーブルコーディネートに憧れて教室に通い、テーブルクロスやナプキン、キャンドル、コースターなどを買い集めました。来客があっても、手料理で人をもてなす才能が無いに等しく、おいしい店にお連れすることが多い私。クリスマスやお正月以外にそれらの出番はなく、ある時期に結局ほとんどを手放しました。その時は、無駄遣いをしたような気持ちになりましたが、その経験がなければ自分に不向きなことも分からず、今でも中途半端な興味を持ち続けていたかもしれません。今は全く未練なく、テーブルコーディネートが得意な友人宅や、素敵なお店で楽しんでいます。もし使っていないテーブルウエアがあれば、「面倒で使わない」のか「使いたいけれど、使い方が分からない」のか自問自答してみましょう。後者の方は使いこなしている方に教えていただくことが、活用できる近道でしょう。

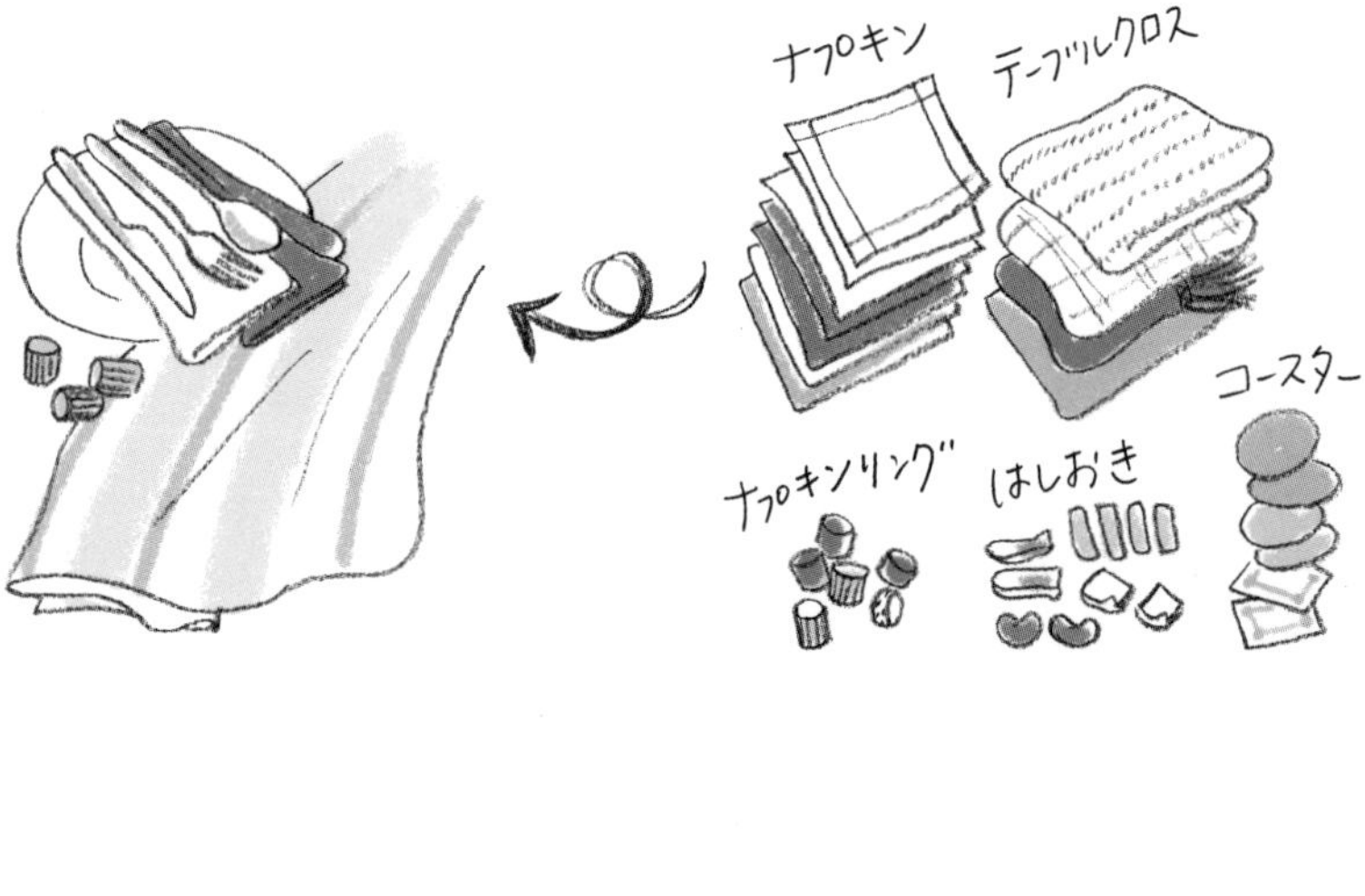

ワンポイントレッスン.食
消耗品…ゴミ袋、レジ袋

もらわないことが基本です。丸くしばって保存する方もいますが、場所を取って見た目も美しくありません。空気を抜きながら、平らにたたんで長方形にすると、手間がかからず形もきれいです。たたむのがどうしても面倒な方は、ごみ箱の底に収めると良いでしょう。

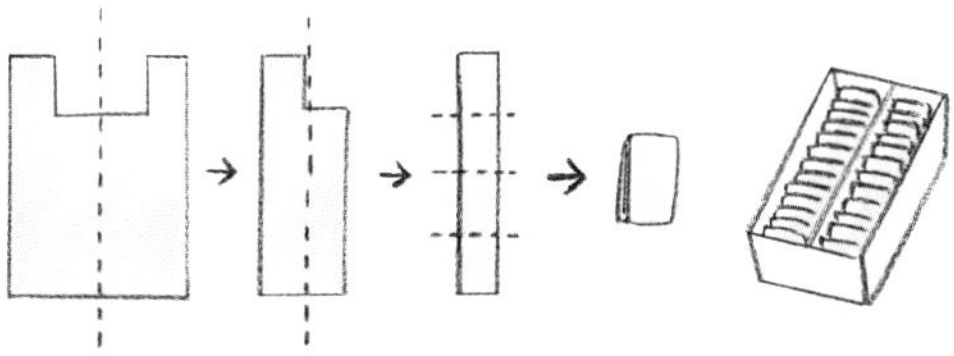

ワンポイントレッスン.食
消耗品…細々として小さなモノ

目が見えづらくなると、小さなモノこそ、分類が大切になってきます。消耗品エリアを作ってみませんか。以下のモノは、カトラリーと一緒に収めると雑多に見えてしまいます。消耗品エリアにまとめるとわかりやすく美しくなります。

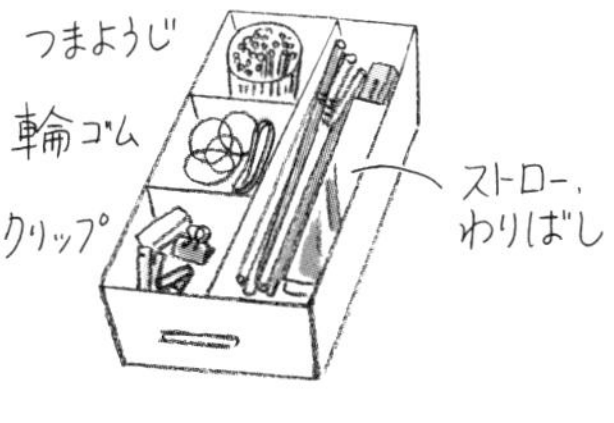

・保存用…輪ゴム&袋止めクリップ
・調理用…竹串・タコ糸
・食事用…つまようじ、ストロー、わりばし

メイクにまつわるお悩み

お客さまと一緒にメイク道具を片付けていると、「こんなにたくさんあるのに、同じモノしか使ってない。でもほとんど使っていないので捨てることもできない」というお悩みをよく伺います。化粧品のプロに聞いた話では、眉のラインや色味など流行遅れのメイクは逆に老けて見えるので、年を重ねるほど旬顔メイクのポイントを押さえておくことが大切だそうです。今年はどんな傾向なのか、ネットに「２０２０春夏 メイク トレンド」など、キーワードを入力して調べてみましょう。眠っているモノで活用できるものはないか、一度探してみてはいかがでしょう？

また、使っていないモノには必ず理由があります。例えば、実は好みでなかったり、似たようなモノがいくつもあったり。「なぜ使わないのか」をあらためてよく考えてみましょう。私の場合、特に使い方の詳細を忘れてしまうことにあると気づいてから、買う時に細かくメモしながら教えてもらうことで解決しました。今、気になるモノがあれば、お店に聞きに行ってみるといいでしょう。

それから化粧品の使用期限は、記載がなければ約３年と聞きます。劣化したモノは肌を逆に酸化させて傷めてしまうそうです。きれいになりたいのに、わざわざ肌に悪いことをするなんて意味がありませんよね。化粧品は定期的に処分することをお勧めしています。

メイクを極めている方に共通していること

実はメイクを極めている方に共通していることがあります。料理やネイル、エステ、その他の職業の方も同様なのですが、どの方も常に道具が美しいのです。きちんと手入れがされていて、愛着や感謝があるように感じます。道具のお手入れは、メイクテクニックを学ぶことと同じくらい、きれいになれる近道かもしれません。メイクにまつわる悩みをお持ちの方は、ぜひ極め人たちの真似をしてみてくださいね。

メイク用品は粉ものが多いので汚れがちです。リキッドやクリームファンデーションは使っているうちに容器からはみ出して、他のモノまで汚してしまうことも。中でもアイライナーやマスカラなど目の周りのモノは、雑菌が入って病気になることもあるので、入念にお手入れをしてください。定期的に買い替える必要もあるでしょう。

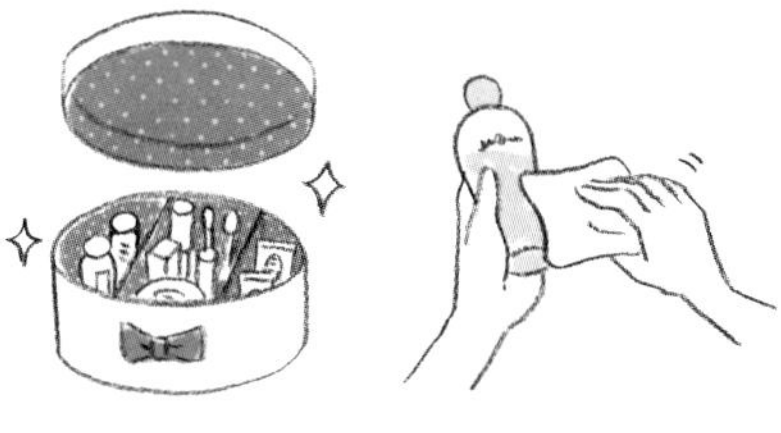

少ないアクションで取り出せる工夫を

何かをしまうときに、扉を開けるのが面倒でその近くにポイと置いてしまうことはありませんか？　扉のない棚なら「1アクション」でしまえます。扉を開けてからモノを取り出すと「2アクション」、扉を開けてから引き出しを引いて取り出すと「3アクション」になります。動作が多ければ多いほど時間がかかり、どこにあるのか覚えておくことも大変です。

例えば救急箱の場合、押し入れからまず箱を出してきて、ふたを開け、使うモノを取り出すと3アクション以上になります。痛くて苦しい時に、アクションが多いのはつらいものです。箱をやめて家具の引き出しに直接、モノを入れてみてはいかがでしょうか。すると、2アクションで済みます。さらに箱に入ったばんそうこうなどは、蓋の部分をカットしてしまうと、楽に取り出せます。**楽な収納を目指すと結果的に、美しく機能的な収納になっていく**のも、美的収納の醍醐味です。

また歳を重ねると病院に行く回数が増え、薬と無縁でいるのは難しいのかなと感じます。持病がなくても急な発熱や痛みなど必要な時はあるでしょう。そんなつらい時に、使った薬を薬箱に丁寧に収めたり、在庫数を覚えておくこともなかなかできないでしょう。再び痛くなった時、薬が切れていた！　なんてことにならないように、元気なうちに、お手入れと在庫の確認をしておきましょう。

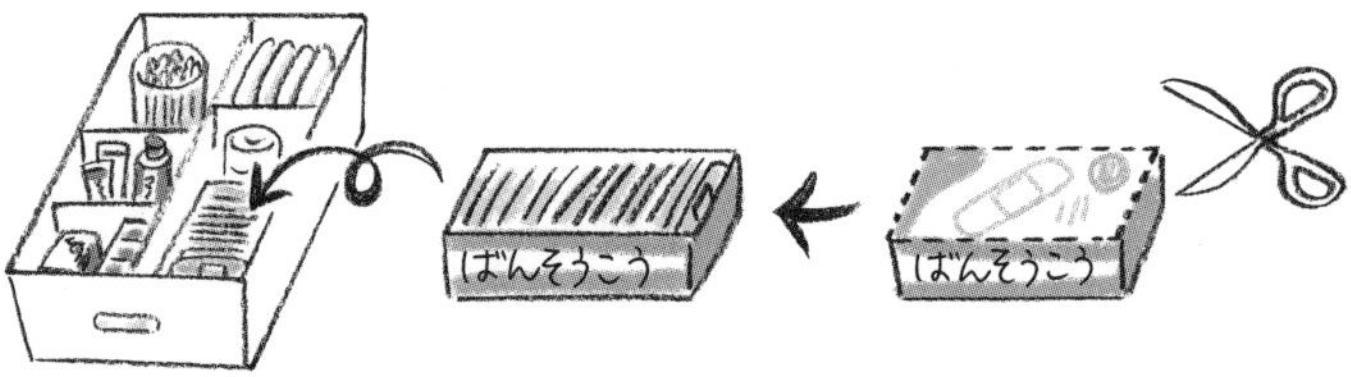

ワンポイントレッスン.美

香水と匂いのお話

ご自宅の化粧品エリアに眠っている香水をよく見かけます。詳しく伺うと、頂きモノが多いようですが…。身体にはつけないけれど、香りが気に入っていて品質が劣化していなければ、来客前のお玄関先やトイレットペーパーの芯の部分に、ひと吹きして芳香剤にしてはどうでしょう。できるだけ速やかに再利用しましょう。

また、最近「大人になると女性のにおいは変化する」というフレーズをCMで見ました。体のにおいと香水のバランスも年齢とともに変化します。香りは好みがありますが、つけた時の印象が不快でないか気になるので、私は信頼できる友人や家族に時々聞くようにしています。

ワンポイントレッスン.美

掃除道具も美の基本

最近長く使っていてあらためて良かったと思う道具は、スタンドタイプの掃除機です。リビングにおいて10年以上になりました。お部屋が整うと床が広くなって、掃除もしやすくなります。床に落ちた髪の毛やごみが目につくようになりますが、老眼になると、残念なことにまた見えにくくなるのです。髪の毛はダニの餌になるそうなので、さっと取り除きたいものです。軽いので、毎日何回でもストレスなく使える掃除機は、手放せません。

最近はカラーも豊富なので、せっかくなら部屋のインテリアになじむデザインを選んで。生活感を抑え、掃除が行き届いた素敵なお部屋にしてくださいね。

3. 衣

自分らしさのあるおしゃれを楽しんで

年齢を重ねるにつれ、フェイスラインや肌、体型は変わってくるものです。こうした変化を知ったうえで「よく着ている服はどんな服か」を考えてみましょう。私は、旅行が好きなので、しわになりにくくコーディネートしやすいワンピースが多いです。また、私は最近、健康のため週2〜3回はスポーツクラブに通うようになりました。すると、これまでクローゼットにはなかったTシャツやスパッツなど、動きやすく通気性の良いスポーツウエアが増えてきました。

洋服は特に数も種類も多いので、一度にすべてをやると混乱してしまいがちです。まずは、合わせの必要がないワンピースから、次にトップス、ボトムス、アウターに分けてひと山ずつ分類、厳選を進めていきましょう。

よく着ている服には、色やデザインといった見た目だけでなく、その人が好む情報が表れます。それを一つでも分かると、クロー

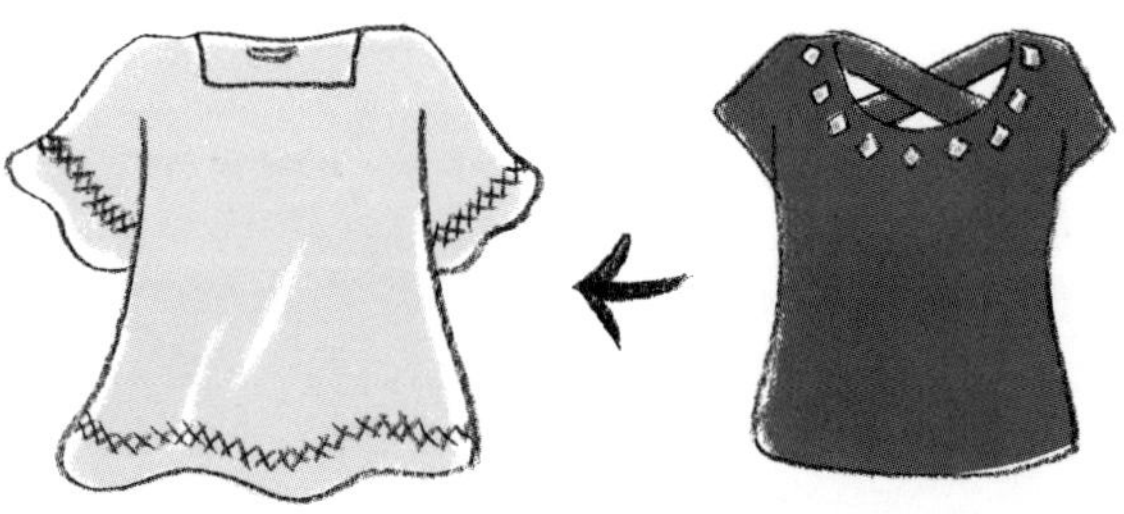

ゼットを激変させていくことにつながります。ライフスタイルや年齢とともに、持つ洋服も変わってきます。例えば、私の場合は丈の短いモノ、胸の開きが広いモノはほとんど着なくなりました。袖を通していない服にも情報が詰まっています。「なぜ着ないのか？」その理由を丁寧に考えることで納得して手放せたり、リフォームをして着るようになったりして、新たな変化が起きるでしょう。また買い方が変わり、失敗も減ります。迷いが強い服については、結論が出るまでぜひ取って置いてください。次のポイントに照らし合わせて、お手持ちの服について考えてみましょう。

着る理由

・透け感、つや感など素材が好き
・色、デザインが好き
・流行のデザイン
・顔色がよく見える
・着心地が良い
・動きやすい
・しわになりにくい
・肌触りが良い
・体型をカバーできる
・洗濯が自宅でできる
・他の服に合わせやすい

着ない理由

・時代遅れに感じる
・ほつれやいたみがある
・着心地が悪い
・手入れに時間がかかる
・クリーニングが必要
・デザインが合わない（体型や年齢にアンバランス）
・出番（着る機会）が少ない
・トラウマがある
・丈が短い
・下着が映る

喪服の備えは礼節につながります

ご不幸に備えて準備をすることは縁起が悪い、と思われる方がいらっしゃるかもしれませんが、私は、喪服と一緒に小物類をセットしています。

以前、友人のお父さまが大阪で亡くなったという知らせを受けました。私はすぐに喪服に着替えて新幹線に乗ることができたので、無事に告別式に間に合いました。その時、友人がとても喜んでくれたことを覚えています。

親族や恩師、友人、また友人のご家族が旅立たれた時に、きちんとした身なりでお別れの式に参列することは、礼を尽くすという意味で大切だと考えます。自分の年齢が上がるにつれてご不幸に接する機会も増えますし、足腰が痛いなどとなれば身支度にも時間がかかるようになります。また、急な知らせは気が動転しやすいものです。礼を欠くことのないよう、喪服や小物類をすぐに使える状態で1ヵ所にまとめておきましょう。主なモノとして黒いハンドバッグ、弔辞用のふくさ、数珠、黒タイツ、ストッキング、ハンカチ、香典袋、薄墨の筆ペンなどがあります。香典袋は

ネイルの方は
黒手袋を用意
しておくと良いです

記名しておきましょう。ジェルネイルの方はすぐには落とせないので、黒レースの手袋を用意しましょう。

バッグの中も美しく

バッグは洋服と同様に自分らしさを楽しめます。丁寧に見直すと、そのヒントが見つかります。

時々、バッグの中がごちゃごちゃになってしまうことがありますが、それでは必要なモノをすぐに取り出せず不便を感じてしまいます。出掛ける前には必要なモノだけを持つようにしたいですね。年齢を重ねると、バッグの重さも疲れに直結します。バッグの中を整理整頓することが大切です。その手順として、①その日に使わないモノは取り出しておく。「棚卸しボックス」を用意すると便利。②なるべく軽くて薄いポーチを使って化粧品や文具、充電器などジャンル別に入れておく。③軽量の折り畳み傘や軽いエコバッグを探す。これらを参考に、一つ一つ軽くする工夫をしてみましょう。

私は帰宅したら、バッグの中身をすべて棚御しボックスに移し替えます。翌日も持ち歩くモノ（財布やカード類など）はそこに入れておき、その日だけ特別に持っていったモノは本来の場所に戻します。こうすることで翌日、忘れモノがなくなるだけでなく、持ちモノを軽くすることができます。

ワンポイントレッスン.衣

帽子

まずは、たためるか、たためないか、次に春夏用か秋冬用かに分けます。収納スペースが少ない場合は重ねて収めていきます。一番下に置くのは、つばが広くて大きな帽子です。フェイスラインが変わってきて似合わなくなる帽子も出てきているはずですので、定期的に見直しましょう。

ワンポイントレッスン.衣

靴下

靴下をぐちゃぐちゃに入れていると、朝履きたい靴下を探すのに時間がかかってしまいます。1組ずつセットにしてしまっておけば、すぐに取り出せるでしょう。靴下は厚みがあるので図のようにたたむと支え合って自立します。探しやすく、何色が何足あると傾向も分かります。探しやすく、何色が何足と傾向も分かります。ゴムの部分を折り返してしまう方がいますが、ゴムが伸びてしまいますし、膨らんでスペースに無駄が生じてしまいます。

4. 外

玄関の第一印象は肝心

お迎えやお見送り、短時間の来客の対応をする玄関は、その家の第一印象を決める所でもあります。美しい玄関の第一条件は、やはりタタキに何もないことでしょう。

靴が収納スペースにしまわれることなく、タタキに多く並べられていたら、それだけで窮屈な印象です。一度玄関の写真を撮ってみましょう。お客様の視点で見ることができます。

タタキをすっきりさせるためには、まずは靴を厳選をして、次に収納スペースに隙間を作らないように棚板を増やして収納効率を上げましょう。訪問したお宅の多くが棚板を増やすだけで、すべての靴が美しく収まりました。それでもだめなら、靴を納戸などに分納する場合もありますが、他のモノに紛れて見つからない、という可能性も。納戸を先に整えてから収めましょう。

ただ、お客さまを迎える玄関に何もないのは味気ないもの。我が家は小物が置ける小さな棚にその時期にふさわしい雑貨を飾っています。季節のモノは、飾りっぱなしということがないので衛生的ですし、飽きることがありません。皆さまのお宅にも出番を待っている素敵な雑貨があるはず。美的収納で生まれたゆとりの空間で、季節や日本文化を楽しんでいただきたいと思います。

・棚板を増やし、タタキにあふれた靴をしまう
・扉にフックを付け、傘をしまう
・空間に合う椅子を置く

傘立てと椅子のお話

玄関を美しく見せるもう一つのポイントは、雨の日以外、傘立てを置かないことです。傘を使用したら干して乾かし、傘立てと共に玄関収納に収めるのが理想です。

一案として、玄関収納の扉の内側に、傘をかけるフックを取り付けるなどして、傘をしまうと良いでしょう。それもできる自信がないという方は、傘立てに差しておく傘の本数を極力減らしてみてください。そして必ずたたんでください。開いたままの傘がいっぱいささった状態の傘立ては、生活感が出てしまいます。

我が家は傘立てを置かず、代わりに小さな椅子を置いています。届け物のサインをするときに、モノを玄関の床にそのまま置くのは失礼に感じるからです。宅配物も椅子に置いた方が腰への負担もありません。また出掛ける時、一旦バッグを置いて靴を履いたり、腰をかけてブーツも履けるので、よろけたり転んだりすることがなく安全です。外出時に忘れてはいけないモノを事前に置いておくこともあります。何より床にモノを置かないのは衛生的で気持ちが良いものです。スペースにゆとりがあれば、椅子はお勧めのアイテムです。インテリアに合う雰囲気のある美しいモノを選んでください。

靴の価値観の変化と厳選のお話

靴は年齢とともに価値観が変わったモノの一つです。若い頃、玄関の作業をしていると、お客さまが私の靴を見て「あなたも歳をとると靴が変わるわよ」と、よくおっしゃっていたのを思い出します。そしてその通りになりました。以前は履きやすさは二の次で、デザインを重視して靴を選んでいました。12センチもあるヒールでも1日中履いていられました。

しかし、40代半ば頃から靴の選び方に変化が起きました。どんなに美しくても疲れてしまう靴は履かないことが増えました。今は、できるだけ長時間履いていられることを一番に考え、次にデザインを重視しています。普段は履きやすい靴を、あまり歩かない日は、昔履いていた美しい靴を履き、会食などでドレスアップしたいときは、途中で履き替えるように持参しています。昔では考えられない変化です。

また昔はカラフルでさまざまなデザインの靴をまんべんなく履いていましたし、靴は消耗品のような感覚でした。しかし最近では数もいらないし、一足を長く履きたいと思うようになりました。履きやすく、体に影響のない美しい靴にはなかなか巡り会えないからです。そのために買ったらすぐに靴底を補強しています。その方が長持ちするそうです。それでも靴底は減ってきますので、気になったらすぐにメンテナンスを依頼しています。

第3章でも触れていますが、美的収納の厳選は、処分するモノを探して、数を減らしてすっきりさせることではありません。今後無駄な靴を買わないために、一足を丁寧に見て、自分が靴に感じること・求めていることを整理するステップです。モノと丁寧に向き合うことで、履く靴と履かない靴の傾向が徐々に分かるようになります。長く付き合える素敵な靴に出合い、快適にお出かけを楽しんでくださいね。

ワンポイントレッスン.外

メンテナンス用品のメンテナンスを

美しい玄関は、靴一足一足にも気持ちが向いていて、お手入れもされています。靴を磨くだけでも空気感が変わるのです。その時に使う靴墨やブラシなどのメンテナンス用品ですが、本来靴をきれいにするモノなのに、それ自体が汚いことが多いようです。靴だけでなく、メンテナンス用品も時々汚れを取り除いたり、買い替えたり、日ごろからお手入れをお忘れなく。

ワンポイントレッスン.外

スリッパは定期的チェックを

来客時しか使わないわりに、思いのほか消耗するのがスリッパです。普段使わないので目が行き届かず、お客さまにお出しする際に汚れが気になり、「恥ずかしいな」と思ったことがありませんか。視力も落ちてくる年齢になるとますます汚れが見えにくくなるでしょう。定期的にチェックすべき玄関アイテムです。スリッパ置きは狭くなるので我が家は置かず、靴箱の一列をスリッパ置き場にしています。

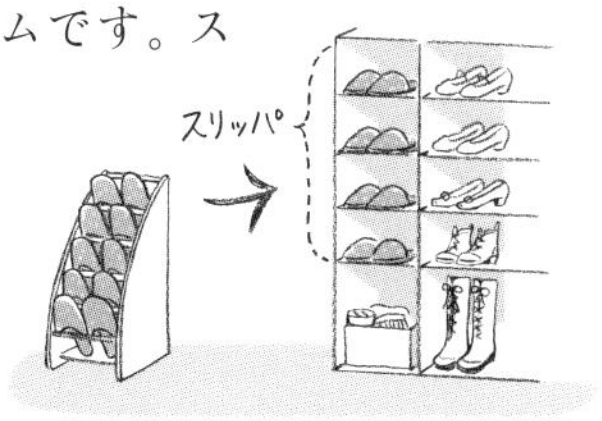

5.楽

〝見当たらない〟を防ぐ文具の収納術

美的収納では「楽」は、楽しむ、いそしむ、そして懐かしむモノを指します。リビングで学んだり、仕事をしたり、本を読んだり、音楽を楽しんだり、アルバムの写真を懐かしんだり。このカテゴリーは幅が広いので、見直しにも時間がかかる所です。

その中で、比較的に見直しが楽で、ご高齢の方のお宅でもリクエストが多いのが文具です。「あのボールペンはどこ?」「買ったはずの筆ペンがない」など、使いたい時に見つからずにイライラしたことはありませんか? ペンに限らず、ハサミ、テープ、のり、ホチキスなどの文具は、家の中のいろいろな場所で使うため、その辺に置きっぱなしにしてしまい、その結果、〝見当たらない〟という状況が起こります。

文具を整理する時も、基本通りに家にあるすべての文具を1カ所に集め、書くモノ、切るモノ、貼るモノなど用途別に分類した後、厳選していきます。量が多すぎて収められない方は、2カ所に収めると整理しやすいでしょう。例えばペンを1、2本とメモ帳、ハサミ、電卓などの頻繁に使う文具と眼鏡などの必需品の一部をボックスに入れ、いつも座る席の近くに置いておきます。それ以外はストックとして納戸などに収めましょう。

お礼状や手紙をよく書く方は、すぐに出せる郵便セットを

最近はメール、ラインでやりとりすることが増えましたが、一方、まわりで書道を再び習い始めたという話をよく聞きます。今の時代だからこそ、せっかくのお礼状は手書きでしたためたいものです。便箋、封筒、はがき、メッセージカード、切手、シールをボックスやファイルでまとめておくと良いでしょう。よく書く相手の住所リストも一緒に入れておくと、お礼状や手紙を出したい時にすぐに書くことができます。宅配便の伝票なども用意しておきたいものです。相手先の宛名を印刷しておくと便利です。

ハガキやグリーティングカードは、場所を取らないので、そのままため込んでしまって…ということはありませんか。収め方は立てるが基本。細かいのでしっかり分類しましょう。使わない官製ハガキは、手数料を引かれますが切手に替えましょう。ハガキを開発途上国に寄付している団体もありますので検討してみてください。

本やCDはこだわりを振り返って

本やCDは一度読んだ、聴いたからといって手放せるものばかりではありません。若い頃はやりたいことが山ほどあって、読書を後回しにした時期もありましたが、今は本を楽しむ時間がかなり増えてきました。一度読んだ本を読み返し、以前読んだ時と違う所に共感し、新たな気づきを楽しんでいます。また若い頃聴いた音楽がCMや映画で流れたりすると、データをダウンロードして懐かしむこともよくあります。私は頻繁に旅行に行くので、現地でも楽しめるように本もCDも全てデータに保存して管理する派ですが、ベストな保存の形式また適量も、その方が暮らしに求めるものにより変わります。そこで、持つ基準を明確にしてみましょう。CDや本にどのようなこだわりがあるか、次の質問に沿って考えてみましょう。

あらためて本や音楽との暮らしを丁寧に振り返ると、自分らしい量と保存の仕方が見えてくるはず。自問自答が苦手な方は、ご家族や友人と語らいながら進めてみてください。

【本】

・できるだけモノを持たず、すっきりと暮らしたい? 本のある暮らし、本に囲まれて暮らしたい?
・紙で読むのが好き? データにしてどこでも読めるのが好き?
・PCや機械ものは得意? 苦手?
・同じ本を読むことがあるタイプ? 一度読んだらほぼ読まないし、また読みたくなったら買えばいいと思うタイプ?
・買ったらすぐに読むタイプ? 積んで置くタイプ?

【CD】

・CDジャケットに価値を感じる? ジャケットは興味を感じない?
・CDに収められた曲順のまま楽しみたい? 好きな曲をランダムに楽しみたい?
・外出先で聴くことが多い生活? 自宅や職場など決まった場所で聴くことが多い生活?

書類の整理について

年齢に関わらず、突然事故や病気で不幸に見舞われることがあるかもしれません。そんな万一の場合に備えて、駆けつけた家族が困らないよう、緊急連絡先や契約書、通帳関連などの重要な情報を、すぐに分かるようにしておきましょう。

ただ、ひとまとめにして管理すると自分も家族も分かりやすく、さまざまな手続きを速やかに行うことができますが、一度に大切なモノを持ち出されやすい、盗まれやすいということにもなるので、保管場所にくれぐれも注意してくださいね。

人が何かを探す時、「モノ」よりも分かりにくいのが「情報」の在りかです。またその整理には最も手間がかかりますから、日々少しずつ丁寧に進めていきましょう。

まず情報をデータで保管するのか、紙で保管するのか、を考えます。原本が必要なモノもありますので、全てをデータ化するのは無理ですが、メインを決めましょう。

データ管理にはクラウド、パソコンやＵＳＢなどの保管形態があります。電池がなくなったら確認ができない、データが消えてしまう可能性などは共通する難点でしょう。また紙保管は保管場所以外では確認ができないことや、収めるスペースが必要になることに注意しましょう。また火災や水害で損失してしまうリスクも絶対にないとは言えません。

どちらのタイプにするのかは、ご年齢、家族構成、データ化への抵抗感の度合い、記憶力への不安の程度などにより変わってくると思います。また自分だけでなく家族が探す時のことなども考える必要があるでしょう。ご家族で一度話し合いの機会を持つこともいいかもしれません。ちなみに私はデータ保管をメインにしています。次に私の例をご紹介いたしますが、決してデータ化をお勧めしているわけではありません。あくまでも一例として皆さまがお決めになる際の参考にしていただければと思います。

紙保管しているモノ

・原本（保険証券、保証書、賃貸契約書、マイナンバーカード、印鑑登録証、一部レシートなど）
・クレジットカードや銀行口座の情報をまとめた一覧表
・健康診断結果（以前はデータ保存していましたが、唯一、紙保存に戻した情報。病院では既往歴を詳しく記入することが時々生じます。健康診断や検査結果の紙をスキャンしてデータ化していたのですが、具合が悪かったり強い痛みがある時に、タブレットを開いてその情報を引き出したりなど、とてもつらくてできませんでした。またその情報を医師に渡す場合もあり、タブレットをそのまま渡すわけにもいかず、ＣＤに焼いて後日郵送したりと面倒なこともあり、紙保存に）

これらをＡ４サイズの30穴のバインダーファイルに収めています。そこに４つ切りや８つ切りポケットのリフィルも追加して、銀行のカードやマイナンバーなどの名刺サイズのモノもまとめています。

紙保管をやめたモノ

・仕事上の書類（契約書、印鑑の付いているモノ以外）
・取扱説明書（必要な時は、オンラインマニュアルで確認する）
・出前等のチラシ（アプリで確認する）
・取っておきたい手紙や記念品　→写真に撮り、データ保管。かさばらず見やすく、劣化しない。

情報はあっという間にたまります。「紙一枚、画像一枚だから、とりあえず」と取っておくと膨大な量に。管理が困難になるのはアナログでもデジタルでも一緒でしょう。私もできる限りデータ化もせず、紙も家に入れないように意識して暮らしていますが、必ず増えてくるので定期的に見直しています。家に入れるべき情報を、自分で決めた基準に従って厳選すれば、見直す回数も減り、管理が楽になります。その基準に正解はなく、人によって異なりますが、実は自分にとってのベストは、自分が誰より分かるものなのです。最も大切なことは、自分で考え、決めること。どのような基準でも自信をお持ちになり、「この基準で管理する」と覚悟を決めることなのです。

ワンポイントレッスン.楽

書類…セミナーで質問の多いお悩み

・ポイントカード　持ち歩くこと、提示することが面倒に感じるので、基本は作らずに様子を見て、通う頻度が多ければ作ります。アプリも同様です。作ったカードは、名刺入れに会員証や診察券と一緒に収めて持ち歩き、定期的に見直しをしています。

・レシート　クレジットカード番号の記載が気になるので基本は持ち帰ります。帰宅したら確定申告に必要なレシートだけをファイルへ保管し、毎日処分します。

・保証書　パソコンや貴金属などの価格が高い製品のみファイルに保管します。

・取扱説明書　全て処分しています。私は取扱説明書を読むほどの多機能な家電を買わないタイプで、故障かなと思った時は、オンラインマニュアルを参照します。オンラインマニュアルがない商品が故障した場合は、製造元に直接問い合わせます。

ワンポイントレッスン.楽

書類…テーブルの上に郵便物、山積みになっていませんか

　毎日、ポストに届く郵便物やチラシなどの紙モノ。置き場を決めてもすぐにたまってしまいます。私が日々行っているスタイルをご紹介します。絶対に読まないモノは、送り主に連絡して郵送をストップします。ずっと送られてくるのも嫌なので、そのひと手間は厭いません。一読したいモノは、すぐにバッグに入れ、隙間時間に読むようにしています。保管しておくべき書類のみ、データ化もしくは自宅のファイルに収めます。一時的に取っておきたいDMなどは、購入や問い合わせなど用が済むまでバッグの中のファイルに入れて持ち歩いています。

6. 寝

人に見せない寝室だからこそ

寝室は、人生の3分の1を過ごすとも言われている場所です。身体を休め、快適な眠りでリフレッシュして健康の基盤を作ります。そういう意味では、家の中で一番重要な場所かもしれません。でも普段人に見せない所ですから、きれいに保てる人は、残念ながら少なく感じます。逆に寝室を常にきれいにされている方は、家全体が整っています。寝室で読書をするのが好き、眠るのが大好きという方は、はじめに寝室から見直してみましょう。

ベッドまわりのモノを他のお部屋に一旦移動して、レイアウトを変えてみたり、照明やベッドリネン、カーテンまでこだわって選び直したり、香り

を焚いて音楽をかけてみてもいいでしょう。高級なホテルのベッドに倣って、押入れに眠っている枕やクッションに、新しいカバーをかけ替えて、たくさん並べて楽しんでみるのもいいでしょう。目に見えるモノばかりでなく、室温や照度を細やかに調整したり、電磁波の影響があるといわれている携帯電話や家電を極力減らしたり、自分なりの心地よい睡眠環境を作ると良いでしょう。その際は「寝室を片付ける」ではなく、「私が寝る前に過ごしてみたいお部屋を作る」とイメージを設定してください。そしてその経験は、いずれ他のお部屋の美しさにもつながっていくはずです。

ベッドメイクはハッピーな一日を始めるルーティーン

寝室を整えるタイミングは朝、という方が圧倒的に多いと思いますが、朝は出かける支度で時間が取られ、「もう今日はこのままで出かけちゃえ」となってしまうこともあるでしょう。そのような日が1日、2日と続くと、だんだん整えるのが億劫になって、そのうち気にならなくなり、いつもベッドがぐちゃぐちゃ、布団も敷きっぱなしとなってしまいます。私自身、どうしても時間がなく整えられずにそのまま出かけてしまう日もあります。新幹線通勤のため、遅れると大幅な遅刻。ギリギリまで寝ていた時などは、ベッドメイクの優先順位は下がります。また時間があっても疲れが取れない朝は気が乗らないものです。

しかし、ベッドメイクできない日は終始、時間や気持ちのゆとりがなく、全てが雑になり、物事の流れや疲れ方まで違ってきてしまう気がします。できない日は帰宅してぐちゃぐちゃのベッドに入って眠りにつくわけですが、布団の気持ち良さや睡眠の深さまでいつもと違い、違和感満載の1日となります。

きっと私にとってベッドメイクは1日をご機嫌に過ごし、運を上げる一つの方法。そして「あー面倒だなぁ」と思っても整えてしまうと、やはりとても気持ちが良く、明日もちゃんとやろう！となるのです。

ベッドリネンのお話

私の場合、シーツ・カバー・パジャマは消耗品と考え、年始に新調しています。すべて2枚ずつだけ持つようにしているので、頻繁に洗っていると1年の終わりには劣化して心おきなく取り替えることができるのです。

現在、シーツ類をたくさんお持ちの方でも、少し時間はかかりますが、次のようにすると無理に減らすことなく、できるでしょう。ベッド1台につき2枚だけ交換しやすい場所に置きましょう。それ以外は思い切ってストックとして取り出しにくい場所に収めてしまいます。その2枚が劣化してきたら処分し、しまっておいたシーツを取り出してきます。同じことを繰り返すうちに、在庫がなくなり、シンプルになります。

この手法は、タオルや靴下、下着などにも有用です。モノを最後までしっかり使い切り、感謝してお別れするのが美的収納の基本。ぜひ試してみてください。

昔はベッドリネンも服や靴と同様に、色やデザインなど見た目重視で選んできましたが、今はとにかく清潔さを最優先しています。50代になって私にもついにホットフラッシュなるものが起きました。昔は真夏でも汗などめったにかかないタイプで、むしろ不安になるほどだったのですが、ひどい時は30分ごとに汗が噴き出すまでに。毎週の交換ペースが毎日変えないと不快に。今は自宅で洗え、すぐに乾き、シワになりにくいモノを選ぶようにしています。

またシーツや毛布などの肌触りや枕の高さが以前よりも気になるようになりました。若い頃は何時間でも寝ていられたのに、最近昔のように深く眠れなくなってきています。眠るためには、寝具の質や枕とマットレスの相性など、あらためて睡眠環境の奥深さを実感しています。

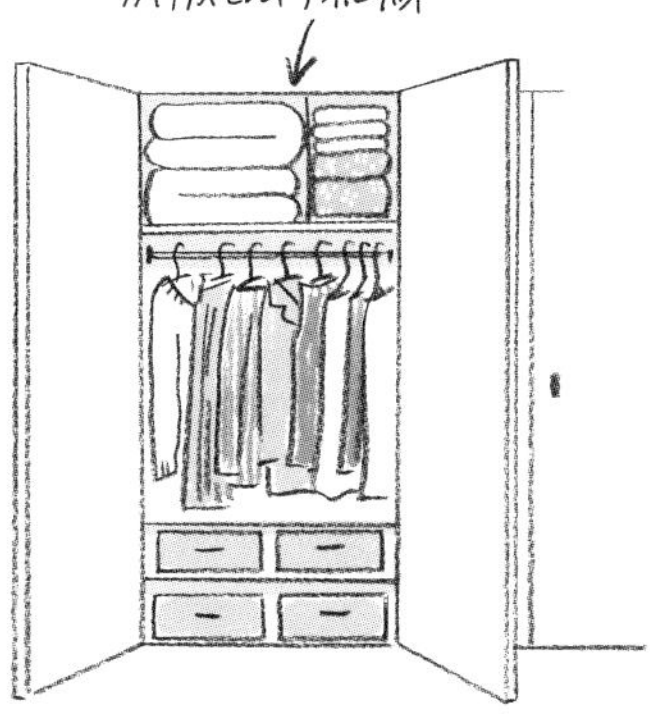

ワンポイントレッスン.寝

においも気にかけて

私が歳を重ねるうえで、寝室で特に意識していたいことはにおい対策です。朝に寝室の換気をしっかりして、まず寝室のにおいを追い出します。天気の良い日は、1日中開けています。シーツやカバー、パジャマなどもその原因の一つになるので、まめに洗いましょう。においは自覚しにくいものなので、定期的にクリーニングしたり、毎年新調したりするようにしています。においをごまかすために、アロマなどを焚くと返って、においと混ざって異臭になるので、根本的に、においを消してから楽しみましょう。

ワンポイントレッスン.寝

防災対策のお話

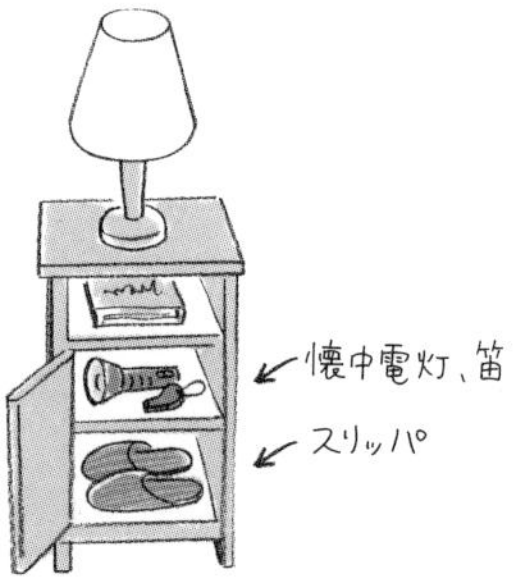

地震対策としてエアコンや絵、照明が頭に落ちてこないように、一度ベッドの配置を見直しておいてください。まわりにはできるだけ腰より高い家具は置かないようにしましょう。枕元にはスリッパ、懐中電灯、笛の3点は常備しておくと良いそうです。また地震だけでなく、最近は豪雨などの災害対策も考えておかなければならない環境になりました。いざという時に、夜中でも安全に避難できるよう、備えておきましょう。

7.備

最後のグループは、「使用頻度は低いけれど備えておきたいアイテム」をしまっておく「納戸」についで考えていきましょう。そもそも納戸は、リビングやダイニングなどの居室にゆとりをもたせるために設けられた空間です。

納戸は家の中でも不便な場所にあることが多いのですが、使用頻度が低い季節家電や雑貨などを収めるので問題ありません。ただ、ある程度の広さがあるだけに、途中から無秩序になり、収めたものを把握できず死蔵品を詰め込んだようになりがちです。これでは、必要なモノを取り出す時に手間がかかってしまい、結局探し出せずにまた買ってしまうなど無駄な出費につながることがあります。納戸があふれてしまうと、次にあまり使用しない部屋が納戸化し、しまいにはリビングやダイニングも、モノであふれてしまいます。

また納戸の整理は、重量のあるモノが多いので体力が要ります。少しでも若いうちに仕組みを作っておく方が良いでしょう。3タイプの納戸に、7つのカテゴリーのモノを収めた例を参考に、1日も早くご自宅の「備え」の場所を整えてみてくださいね。

「備え」の場所の形状別アドバイス

形状と場所により、しまうべきモノが変わります。それを知っていると乱れにくくなります。

〈階段下タイプ〉

奥行きがかなり深く、潜り込む形状です。暗くてモノを探すのに不便な場所なので、季節家電、ひな人形など使用頻度が低く、大きいモノを収めるのに向いています。後付けでも照明をつけると管理がしやすくなります。

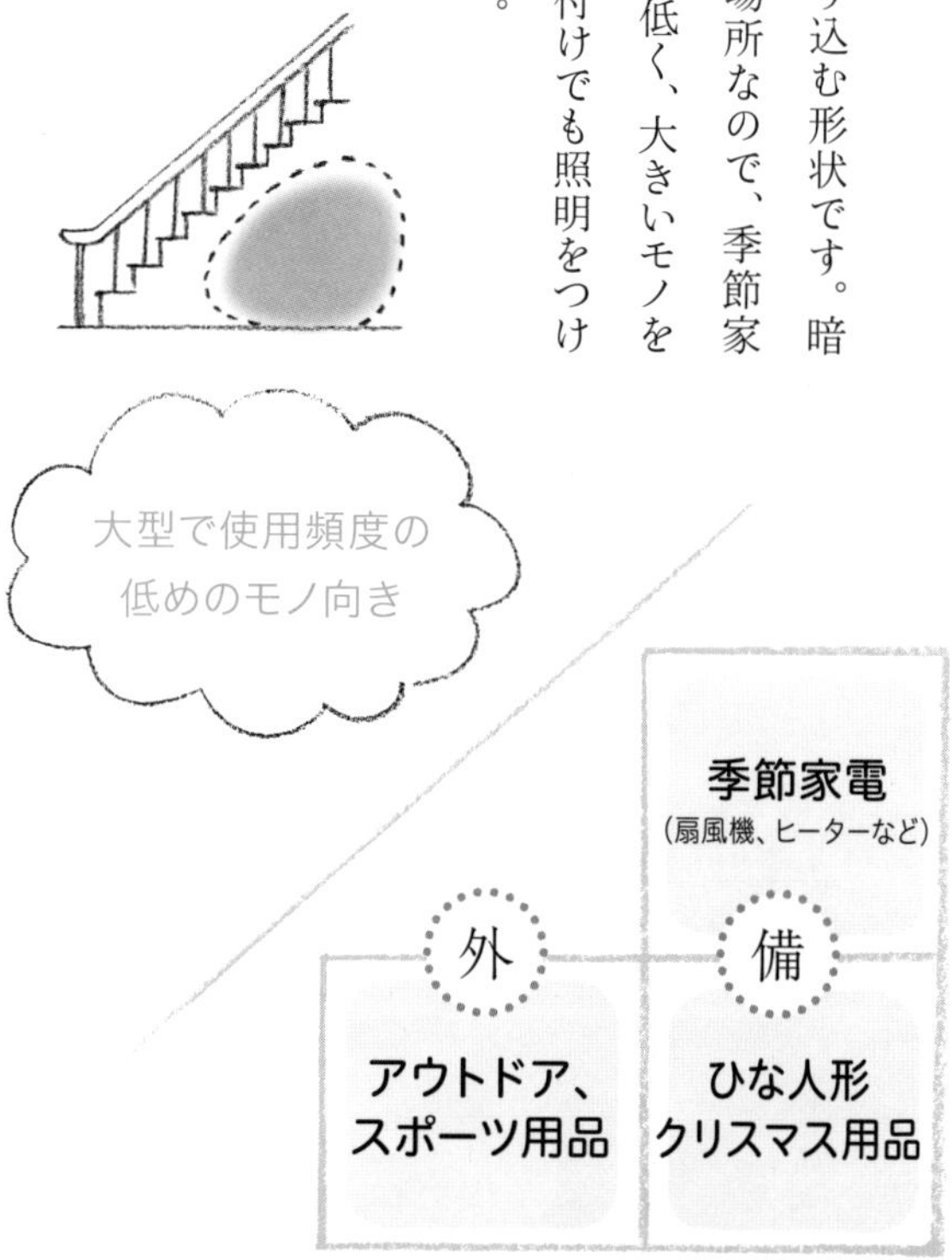

〈廊下収納タイプ〉

奥行きが浅いのでモノが見つけやすい形状です。食品や消耗品のストックなど細かいモノや防災用バッグなど、使用頻度は中程度のモノを収めるのに適しています。玄関収納同様に可動式の棚板を増やせば、乱れにくく、多く収めることができます。

〈部屋タイプ〉

広さがあるため事前のプランが大切です。まずは次ページのように図に収めたいモノを付箋に書き出して把握します。次にそれらを防災、季節、アウトドア、インテリア雑貨などグループに分

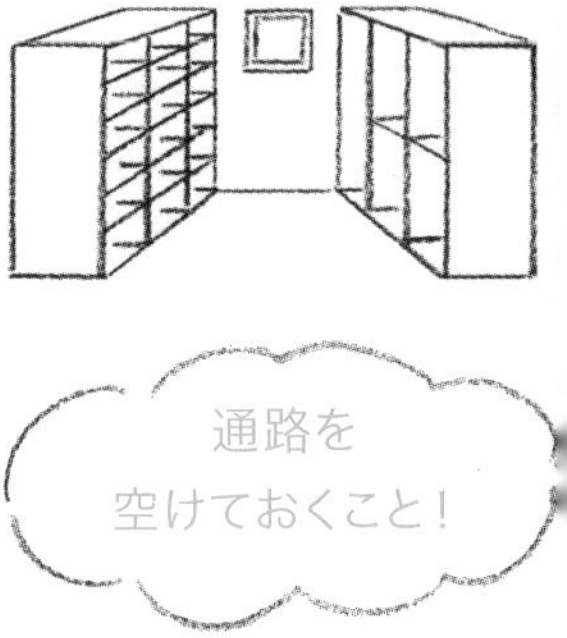

け、おおまかでもエリアを決めてから作業に移りましょう。そしてできればモノに合った可動式の棚を設置すると乱れにくくなります。例えばバッグや服が多い方は45センチほどの棚やポール、寝具や布団なら深めの棚、CDや本なら20〜30センチの浅い棚などです。

防災セットは我が身を守る大切な備え

大きな地震や台風などによって、日本各地で甚大な被害が発生するたびに、非常時のグッズや長期間保存できる水などが売り場から姿を消します。最近では、突然の大雨による住宅の浸水がたびたびニュースで伝えられ、日々の備えの大切さを実感することも多いです。

この機会にぜひ、ご自身はもちろん、ご両親の防災セットも見直してあげましょう。防災用品で必要なのは、災害時の持ち出し分と、自宅で待機している時に使用する分と二つあります。**持ち出し用**はリュックに詰めておきますが、最低限、食料と水1~3日分が必要です。これに加えて、防寒具や医薬品などの身を守るモノ、水道や電気などのライフラインが途絶えた時に使う懐中電灯やラジオなども入れます。玄関などすぐに持ち出せる場所に置いておきます。かなりの量になりますので、自分や家族が背負える重さなのか、無理な場合はご家族が代わりに二つ持てる重さなのか、ご近所に預かってもらえるかなど、あらかじめ確認し相談しておきましょう。

自宅待機用としては、家に保管できるスペースとの兼ね合いもありますが、1カ月分の備えがあると良いそうです。フタ付きのボックスやケースをいくつか用意して、飲料水（ペットボトル）、非常食やインスタント食品（カセットコンロで簡単に調理すれば食べられるモノ）、防寒具や毛布、生理用品や紙おむつなどの衛生用品、その他、というようにジャンル別に収納して、納戸や押し入れなどに収めておきましょう。

持ち出し用も自宅待機用も、ご本人の年齢、体調、家族構成や環境、ライフスタイルなどにより備える量、場所が変わってきます。普段からあらゆることを想定し、備えていただくことをお勧めしております。

そして、「防災の日」など自分が覚えやすい日を目安に、定期的に入れ替えをしましょう。

リュックの中身

・飲料水（500mlペットボトル）
・非常食
・ガーゼ、消毒液、
　ばんそうこうなどの医薬品
・持病で服薬中の人は3日分の薬
・下着
・防寒着
・生理用品
・洗顔用品
・ビニールシート
・ホイッスル
・懐中電灯
・携帯ラジオ
・乾電池
・スマホや携帯電話のバッテリー
（ソーラーや手巻き式が好ましい）など

入院セットがあれば、急病のときも安心

誰でも、いつ病気やケガをするか分かりません。いざ入院となった時に、必要なモノを一から用意するのは難しいものです。また、家族が家の中の必要なモノの置き場所を把握していないと、「下着はあのタンスにあって、保険証はこっちの引き出しに…」などと一つ一つ説明しないと用意できないことも多いようです。痛みや意識の状態によっては指示できないこともあるかもしれません。

一人暮らしの方が出先であれば取りに帰ることもできず、親戚や知人友人に頼むしかない場合もあるでしょう。いくら知り合いでも、自分が不在の時に自宅に入ってもらうのは落ち着かないものですし、散らかっていると、なおさら気になります。

こうした事態に備えて、入院セットを用意しておきましょう。入院手続きに必要なモノから、入院生活に必要なモノなどを、リュックなどにひとまとめにしておきましょう。パジャマは昔と違い、病院指定のモノを有料でレンタルするケースが主流になっています。

具合が悪いなと思ったらそれを持って診察室へ。誰かに取りに行ってもらう場合でも分かりやすく、すぐに対応してもらえます。もし自分が入院したら何が必要かを考えて、必要なモノをリュックに入れておきます。入院セットは、防災リュックと共に玄関や廊下の収納棚などに入れておきましょう。薬は常に誰でも分かる場所に、バッグの中身も親しい人に伝えておきましょう。

〈入院手続きに必要なモノ〉

・診察券　・健康保険証　・印鑑　・現金　など

〈入院生活の必需品〉

・２日分の下着　・パジャマ（前開きタイプ）
・靴下　・カーディガンなどの羽織れる上着
・室内履き
・持ち手のついた割れにくい素材のカップ
（お茶などを飲むため）
・歯ブラシ、歯磨き粉、コップ（携帯用）
・洗顔料、シャンプー、リンス（携帯用）
・乳液やクリームなどのスキンケア用品（携帯用）
・ブラシやクシ　・生理用品
・タオル２枚　・ティッシュペーパー
・小銭　・コンタクト　・はさみ
・時計　・スマホや携帯電話の充電器
・箸、フォーク、スプーン　・ペン　など

〈あると便利なモノ〉

・テレビ用のイヤホン（ケーブルが長いモノ）
・ノート　・爪切り　・手鏡またはスタンド式の鏡
・髪を結うゴムやヘアバンド

ワンポイントレッスン.備

箱や容器、仕切り

家の中にサイズが合わなかったり、多く買いすぎてしまったりした空の容器は、ありませんか。いつか使えるかもしれないと納戸に積んである方もいらっしゃることでしょう。美的収納を始めると、モノが減っていき、それまで使っていた箱や容器、仕切りが余ってきます。これまでいかに箱や仕切りを多く使っていたか、頼っていたかを実感します。

実は、箱や仕切りの数が少ないほど、生活感がなくなります。美しく暮らしたい方は、その数を減らせるよう工夫してみましょう。そして納戸にある空の容器も見直してみてくださいね。

ワンポイントレッスン.備

段ボール

通販の利用がこれだけ増えてくると、おのずとたまるのが段ボール。場所を取るだけでなく、つぶすのも運ぶのもひと苦労です。マンション住まい、車の有無によって処分方法も変わってきますが、だいたい月々の枚数を把握して、外へ運びやすい収納に置き場所を確保してみてください。一つの大きな段ボールに立てて入れておくのもよいでしょう。

商品が届いたら、段ボールはすぐにつぶす。そして、運ぶ時は意外と重くてかさばるので、片手で持てる量にまとめておくことも大切です。もっと簡易包装がうまく進み、ダンボールを使わなくて済む仕組みができたらいいのですが。

コラム3　財布に忍ばせておきたいモノ

私は財布にお金やクレジットカード以外のモノをいくつか忍ばせています。いざという時に活躍する小さなアイテムたちをご紹介しましょう。

ポチ袋

友人に立て替えてもらったお金を返したり、お心付けを渡したりする時に、財布から現金をそのまま渡すのは相手の方も受け取りにくいでしょう。あらかじめ分かっている場合は、事前に準備ができますが、急な場合のために、私はポチ袋を一つ、常に持ち歩いています。

メッセージカード

会いたかった人が不在だった時に一言書き残して失礼したり、出先から急にモノを送る必要が生じた際にメッセージを同封したりするなど、日常のさまざまなシーンで役に立ちます。

緊急連絡先リスト

昔は家族の電話番号くらいは暗記し、どの家庭にも電話機のそばに手書きの電話番号リストを用意してありましたが、現代はスマホのメモリに入れているだけ、という人も少なくありません。日常では困りませんが、急用の時に充電が切れてしまうとアドレス帳を見ることもできなくなります。

いざという時のために「緊急連絡先リスト」を作っておきましょう。リストは家に置いておくモノと、携帯用を用意します。携帯用は、名刺サイズの紙に緊急時に連絡したい方の名前と電話番号を書き、財布に入れて持ち歩きます。また、自分自身の具合が悪くなった場合、そばにいる人に財布の中からリストを出して家族などに知らせてもらうことができます。

コラム4　「手土産セット」の備え

年を重ねると、友人知人の入院など急な知らせが舞い込む機会が増えます。喪中はがき等で訃報を知ることもあります。そんな時こそ、お見舞いやお悔みの気持ちを丁寧に伝えたいものですね。しかし、すぐには買いに行けないという場合もあります。手土産を事前に用意しておくのはいかがでしょう。

親しい間柄で相手の好みをよく知っていれば、形に残るモノを選んで差し上げるのもよいでしょう。けれども、本当に相手の好みに合ったモノを贈るのは難しいものです。迷って決めかねる場合には、花や食品などの「消えるモノ」がよいでしょう。

花は直前に購入しなければなりませんが、賞味期限が長い食品であれば、事前に用意しておくことができます。

私の場合、実際に自分が食べておいしいと思った上質なオリーブオイルや塩などの調味料を多めに買ってあります。自宅用のストックも兼ねているので、愛用品を切らす心配もありません。何より、自分自身が味を知っているモノを差し上げる方が安心です。

相手先に出向いてお渡しできれば一番良いのですが、遠方で訪ねることができない場合は、一言添えると、労りの気持ちがいっそう伝わりますね。

最終章

「美しい身じまい」へ

確かな基準、自分らしさ

「美的収納」には「美しく、温かく、自分らしく」の理念があります。片付けることが目的ではなく、その先にある「美しく、温かく、自分らしく生きる」ことを目標にしていただきたいからです。「身じまい」とは身なりを整えること。服装を整えて化粧をする、などの意味もありますが、人生をより豊かにするための身じまいについて、日々の暮らし方について私の思いをお伝えしながら、皆さまの目指す方向について考えるきっかけにしていただけたらと思います。

身の回りのモノ、発する言葉にしても、日々選択の連続です。その時々に「確かな基準、自分らしさ」があると後悔が減りますし、その選択が結果的にうまくいかなくても、納得がいくのではないでしょうか。どうしたら、自分らしい基準を見つけられるか、少し考えてみましょう。

私には8年ほどかけてようやく見つけたお気に入りのマグカップが2つあります。マグカップはこの2つだけしか持っていません。サイズもちょうどよく、持ち手のシルエットも気に入っています。見るたび、使うたび、しまうたびに「出合えてよかった」という愛着がわいてきますし、扱う時も自然と心が込められます。

私は「丁寧に考えること」が自分らしい基準を見つける一番の近道だと思っています。物事を丁寧に考える時間は、自分自身と向き合う時間でもあります。「本当に欲しいの？」「本当にやりたいこと？」と一歩立ち止まって、ご自身に問い掛けてみてください。仮に他の人が決めた基準に従ってモノを減らしても、しばらくしたら再び増えてしまうでしょう。モノを通して自問自答を繰り返しているうちに、自分自身の価値観や基準が明確になり、自然とモノも少なくなっていきます。

また年齢を重ねた分だけ、自分に向いているモノや心地良く感じられるモノにも気づけるようになります。この先、旅に出る機会、おいしい料理をいただく、本物に触れる機会が増えるほど、その経験値は感性の幅を広げてくれます。一方、心身には無理が効かなくなることも出てきます。その意味で、若いころより選択肢しやすくなっていると思います。ファッションや食事だけでなく、生活のあらゆることについて丁寧に考え、「自分らしい」基準で導いた選択の一つ一つは、あなたの魅力を引き立て、より豊かな人生を送る助けになることと思います。

「違和感」に少し敏感に

あるお客さまの話。旬のタケノコや梅など、自分にとって扱いが難しいなぁと思うモノを知り合いの方がおすそ分けしたいと持ってきました。いつもなら仕方なく受け取っていたところ、ある時、断れば角が立つと思いながらも勇気を持って「持って来てくださって、ありがとうございます。申し訳ないのですが、私にはうまく料理できないから、他の方へどうぞ」と丁重にお断りしました。すると、ご自分の気持ちがとても晴れやかになられたとのこと。お断りされる前には「苦手・興味のないモノへ時間を割くことよりも、自分が大切にしていることに時間を割きたいし、それは苦手なモノに対する思いやりにもつながるのではないか」とも考えられたそうです。

人生の前半は、親の教えや期待を受け入れたり、流行に流されたり、時には自分とは合わないモノと付き合う経験をたくさんしてきたことでしょう。いろいろな経験があるからこそ、自然とモノも増えていきます。ある時、そのたくさんのモノの中に、この方のように自分にとって心地よくない、違和感があることに気づく瞬間がやってきます。自分の価値観は、年齢や環境で変わっていく部分もありますので、一度ではなく何度も起こっているはずです。そのような時、私は心がざわつきます。頂いたモノ、高価なモノ、わがままを言って買ってもらったモノ…。手放したいけど、お断りしたいけど、ザワザワザワザワ…。もっと喜んで使っていただける方へお譲りする、このお客さまのように相手の方のご厚意の気持ちもしっかり受け止めつつ、「苦手なモノは苦手」と素直な気持ちを伝えてみませんか？　そんな経験も自分の好きなモノを見極めていくという意味でよいきっかけになると思います。

丁寧に扱う

私は「丁寧に」という言葉を大切にしています。それは幼いころから母や祖母の家事姿を見てきたことにあります。その一つに「手アイロン」があります。干す時に洗いしわを伸ばすと、アイロンをかける手間が省けます。母が干したハンカチの並んでいる様子がとてもきれいだったと記憶しています。そして「洗濯物の干し方で家の中が分かるから、きちんと干すのよ」と言われて育ちました。干すたびにほつれなどの傷みも分かりますし、アイロンをかける時間も短縮されます。端と端をきちんとたたんである衣類や布巾は、使う人の愛情を感じ、品と美しさがあります。きれいな家づくりは、モノを大切に扱うところから始まるのだと思っています。

「料理を作る」という行為を一つ取っても、最初に食材を丁寧に選ぶ、洗う、炒める、味付けをするといった過程があります。一つ一つの作業を丁寧に扱うことで、完成した料理の味は格段に変わるでしょう。日々使うお皿、バッグや靴に至るまで、さまざまなモノに心を向けるということを意識してみてください。そのモノ自体に、持ち主が大切に思う優しさや感謝の気持ちが伝わり、モノは必ず応えてくれます。

モノの命も最後まで見届ける

モノを本当に大切にするというのは、「捨てないで取っておく」ことでしょうか？　私は買ったら「最後まで使い切りましょう」ということだと思います。もし自分で使えないなら誰かに使ってもらいましょうということ。使わないでいることは、いくら新品でも死んでしまっていることと同じです。「使い切る」＝「活かす」。モノは地球の命をいただいて作られた大切な資源です。その一つ一つに命があると思っています。だからこそ、真剣に選んでいただきたいのです。無駄に多く買わず、ゴミになるモノを買わず、地球の資源を無駄に使わないように。これが本当にモノを大切にすることだと思っています。

私は実はモノを捨てられない人です。以前、知人から「（草間は）モノが捨てられないのに、どうして部屋が散らからないの？　捨てられないから部屋が散らかってしまう人とは何が違うの？」と聞かれました。結論から言えば、増えない仕組みを作っているから。まだ使えるモノはゴミにできないし、心が痛みます。「どうして使えるモノを簡単に捨てられるのだろう？　捨ててしまう目的は何？　スペースのため？　でも、どうしてまた買ってしまうの？」などといろいろ思ってしまいます。私が処分するのは、壊れて使えなくなってしまったモノ、汚れが落ちないモノ、使い切ったモノだけです。だから手放す時には罪悪感はありません。

自分が要らないと思ったモノの行き先を見つけるのは手間がかかりますし、楽なことではありません。だからこそ家にモノを入れる時、人一倍慎重になります。その一つに私はチラシや景品は極力受け取りません。最近ではネットで閲覧、注文する方が増えたからでしょうが。私の地域では宅配ピザのチラシなどが入らなくなりました。このようにうれしい変化もありますが、もっと環境に優しいシステムが普及すればいいなと願っています。モノにも自分にも優しくて温かな好循環が生まれることを美的収納は目指しています。

美しさと慈しみ

「美しさ」の語源は「厳しさ、慈しみ」から来ていると聞いたことがあります。確かに美しいモノの形は熟練した技から、美しい身体は日々の鍛練からにじみ出てきます。美しい話し方、立居振舞いは豊富な知識を蓄え、適切に使っている積み重ねがあってこそ。私も常に心しなければと思っていることでもあります。もう一つの「慈しみ」は、包み込むような優しさを感じます。好きなモノへ好きな人へ、心から深い愛情を注ぐしぐさ、姿は美しいものです。逆を言えば、モノに対する姿勢が、その人の美しさを形作るということになるでしょう。

私は、体裁をそろえる、モノの数を減らせばいい、少ないことが良いという考えにずっと違和感を持ってきました。「モノの数をできるだけ少なく、捨てたらおしまい」ということを繰り返しても、美しい暮らしにはつながりません。美しさとは、そのモノの価値に気づくこと。すると心が向きます。どんなにモノの数が多くても整然として美しいお宅もたくさんあります。そこに住む方の好きな気持ちがあふれているからです。逆に、心がモノに向いていない家は、どんなに美しいハードを整えても、きれいな状態は長続きしません。

何かを美しいと感じる自分の感性は、モノを眺めるたび使うたびに磨かれると思っています。

日々丁寧にモノを選ぶ、手入れを繰り返してモノと長く付き合っていく。実はそれほど難しいことではなく、自分に素直にシンプルに考えればいいのです。「まずは片付けなきゃ！」と思うことから離れてみましょう。そして美しいモノに触れていけば、おのずとモノを選ぶ目も養われていきます。ぜひ自然や文化芸術に触れる機会を増やしましょう。いくつになっても、新しい違う世界に触れることは人生を豊かにしてくれます。自分の心地よいモノが分かると、自分自身を肯定し、自信も持てるようになられる方がほとんどです。これを突き詰めていくと、「私の人生に必要なモノは何？」を知ることにつながります。大げさかもしれませんが、モノ一つにもその存在を認め、愛情を持って扱う。そんな思いが広がっていけばと願うばかりです。

コラム5　楽しい髪のお手入れ

私が美しいと感じる女性の姿は、細すぎず、ぜい肉のない体型。なかなか年齢に伴う変化には逆らえませんが、シワやシミ、たるみのないお肌と、ツヤと張りのある豊かな髪を目指しています。そしてこれらは日々の生活の仕方に結びついています。

私が一番楽しいのは、髪のお手入れです。手入れが楽なのも髪、一番シンプルなのも髪、そして他の方から褒められるのも髪です。収納と同様に、楽しくて結果も出せることはないかなと考えて念入りに手入れをしてきました。

日々のお手入れには、上質なシャンプーとトリートメントを選び、洗ったらすぐに乾かします。そして、程よい刺激があるブラシで朝晩ブラッシングします。時折ヘッドスパで地肌のお掃除もします。お褒めいただく健康的な髪は、基本のお手入れを何十年も続けるだけで実現できるのだなあと、あらためて思います。

おわりに

祖母との思い出がもう一つあります。私は、祖母がぬか床を整えていたしぐさが大好きでした。「丁寧に空気を抜いて、最後に人差し指で容器の端についたぬかをきれいにぬぐうのよ」とそばにいる私に教えてくれたものです。最近、その祖母の姿を思い出しながら、再びぬか漬け作りを楽しんでいます。まず、ナスなど漬ける野菜を吟味するところから始めます。毎日かきまぜ、野菜を洗っては水気をしっかり取る。水を捨てたり、塩気を気にしたり。最後は、表面を整えて空気を抜いて、祖母の教えの通り端をきれいにぬぐう。そして、出来上がったぬか漬けを丁寧に切り、お気に入りの器に盛って味わいます。

ぬか床は繊細な生き物、手間がかかると言われますが、こうして大切に育てられたぬかの味は本当に正直です。ささやかな習慣ですが、感謝の気持ちでいっぱいになります。

美的収納によって、ぬか漬けを作る余裕が生まれていることも確かなのですが、この歳になって指で器の端に付いたぬかをきれいにぬぐうことの意味、祖母が伝えたかったことが分かるようになりました。それは、物事を最後に整えることで感謝が生まれるということ。人生も自分自身の身じまいを整えることで、感謝の気持ちが自然に生まれてくると思っています。

最後になりましたが、本書を執筆するにあたり多くの方のお力をお借りしました。美的収納に深く共感いただき、私の思いを形にする機会をいただいた静岡新聞社の森太眞子さん、常に優しく励まし伴走してくださった同社編集者の岡本妙さん、豊かな発想力で美しいイラストを描いてくださった利根川初美さん、そしてこの本を手にとってくださった全ての皆さまに、心から感謝を申し上げたいと思います。

2020年2月

草間雅子

著者略歴

草間雅子（くさま まさこ）

felice（フェリーチェ）代表：美的収納考案者

会社員時代、膨大な量の文書を適切に管理でき、業務の効率化が図れるファイリングシステムの機能性に関心を深める。その後、身の回りにあるモノを徹底して分類することによって、誰もが楽に美しい空間を維持できる「美的収納」を体系化。2003年より美的収納プランナーとして活動を開始して以来、住宅、オフィス、店舗へ収納サービスを提供する他、家の新築、リフォーム、引っ越しにまつわる収納プランニング、住宅メーカーの商品開発や人材育成などの業務支援を行う。

2013年、一般社団法人美的収納プランナー協会を設立。美的収納の計画、実施、維持等に関する専門知識を有したプロフェッショナル人材の育成にも力を注ぐ。

著書に「美的収納メソッド」「美的収納プログラム」「朝から美人になる夜の10分の段取り」。テレビ、ラジオ、雑誌、ウェブサイトなど各種メディアにも多数出演。

※美的収納® は草間雅子の登録商標です。

美的収納プランナー
草間雅子の美しい身じまい

2020年2月22日　初版第1刷発行

著者	草間 雅子
装丁・挿画	利根川初美（823design）
発行者	大石 剛
発行所	静岡新聞社 〒422-8033　静岡市駿河区登呂3-1-1 電話054（284）1666
印刷・製本	三松堂株式会社

ISBN978-4-7838-0779-7　C0077